论衡

旧庙新神

晚清变局中的
孔庙从祀

段志强　著

上海人民出版社

• 孔子及四配版画

● 圣庙祀典图（作者不详）

• 武威文庙大成殿的部分匾额

• 曲阜孔庙大成殿

• 曲阜孔庙杏坛

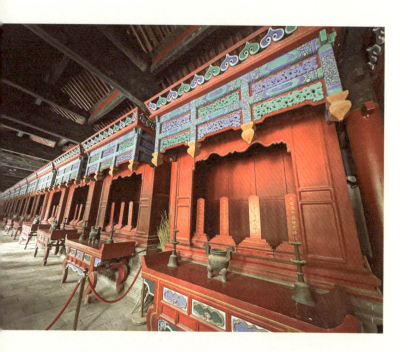

● 曲阜孔庙东庑黄宗羲神位

● 顾祠

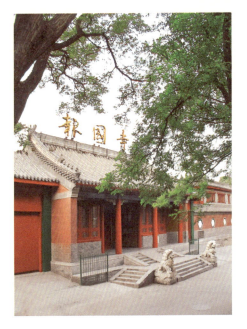

● 报国寺

三儒從祀錄卷二

吳縣曹元忠輯

後學王大隆校

軍機大臣世續等說帖

軍機大臣大學士世續張之洞外務部尚書袁世凱謹按孟子七篇言君民清
息之理最詳梨洲得訪錄原君原臣二篇實本孟子今爲比附之如左

孟子曰民爲貴社稷次之君爲輕是故得乎邱民爲天子梨洲謂古者以天下
爲主君爲客凡君之所畢世而經營者爲天下也今也以君爲主天下爲客凡

天下之無地而得安寧者爲君也

按梨洲言主客與孟子言輕重之意同但梨洲之言尚載孟子爲婉耳

孟子曰殘賊之人謂之一夫聞誅一夫紂矣未聞弒君也梨洲謂今也天下之

卷二　　　　　　　　　　　　　　　　　　　　　　　　　　一

目　录

旧　庙

新　神

旧
庙

孔庙的公与私

一、 孔庙是一种行业庙

先秦诸子的身后事，以孔子最为显赫。《史记》说"孔子冢大一顷"，而且"鲁世世相传以岁时奉祀"，鲁国国君、孔门弟子都留下过祭孔记录。

刘邦以太牢祭孔，是后世帝王祭孔典礼的发端。此后，孔子的尊荣代有增加，亦偶有浮沉。孔庙从孔子的家庙，逐渐变成官庙，最终遍布天下郡县，成为上至朝廷、下至州县的常祀。

在古人眼中，孔庙究竟处于什么位置呢？无疑，它首先是儒家的象征，但是在不同角色的人看来，这种象征的意味完全不同。

就历代帝王而言，对儒家信从、尊奉的当然大有人在，他们对孔庙说过很多动听的话。不过，门面话容易说（也未必都是皇帝亲自说的，也可能是词臣所写），真心话不常见。我们可以参考的是，皇帝里面最直白的雍正，对儒家说过这么一段很有名的话：

若无孔子之教，则人将忽于天秩天叙之经，昧于民
彝物则之理，势必以小加大，以少陵长，以贱妨贵，尊卑
倒置，上下无等，干名犯分，越礼悖义，所谓"君不君，臣
不臣，父不父，子不子，虽有粟，吾得而食诸？"其为世道
人心之害，尚可胜言哉！……使为君者不知尊崇孔子，
亦何以建极于上而表正万邦乎？人第知孔子之教在明
伦纪、辨名分，正人心、端风俗，亦知伦纪既明、名分既
辨、人心既正、风俗既端，而受益者之尤在君上也哉！
（《清世宗实录》卷五九）

雍正的意思是说，儒家的全部心力在于维持一种社会秩
序，而皇帝作为这个社会秩序的总代表，乃是最大的受益人。

在建设以及维护社会秩序这一点上，皇帝和儒家的立场
相当一致。不过，马上取天下才是王朝发迹的常态，而秩序
云云，治天下的时候才用得着，所以孔子之教在皇权的眼中，
只算是工具仓库中之一类，也就是"文"的部分。儒家也好，
孔庙也好，都只能是政治体系、政治思想、政治文化当中的一
部分，而不能如士大夫所宣称的那样，儒家乃天地之常经大
法，圆满具足。

也正是这个原因，使得孔庙除了官庙之外，在皇权看来
还具有儒家一家之庙的微妙性质。四民之业，士居其一。科
举制度是一种出身，一些地方的家庭常有一子读书、一子守
业或经商的安排，读书自然也和经商一样，是一种行业。行

业就有行业庙，顾炎武《日知录》卷四十《嘉靖更定从祀》说，"古人每事必祭其始之人，耕之祭先农也，桑之祭先蚕也，学之祭先师也"，就是这个意思。不妨说，孔庙就是考科举、做官僚这一行的行业庙，只不过这个行业恰好分享了公共权力，所以孔庙同时也成了官庙。

雍正二年（1724），曲阜孔庙发生火灾，詹事府少詹事钱以垲上奏，建议让"内外儒臣"捐资重建。雍正回复说，孔庙受灾以后，朕已经派大臣前往，要求他们尽速提出修复预算，然后动支正项钱粮，择日兴工。现在钱以垲建议"内外大小臣工幼业诗书，仰承圣泽，各宜捐赀修建"，虽然很有道理，不过既然已经动用公款，也就不必大家捐资了。

接着，雍正话锋一转："但朕亦不便阻儒士之私情。今直省府州县文庙学宫或有应修者，本籍科甲出身现任之员及居家进士、举人、生员，平日读圣人之书，理宜饮水思源，不忘所自，如有情愿捐赀，不必限以数目，量力捐出，修理各该地方文庙学宫并祭器等项。"（《清世宗实录》卷二三）虽然这次不用捐款，但以后天下孔庙如果需要修理、购置祭器，都可以请大家自愿捐款，捐款的范围限制在有科举功名之人。

"正项钱粮"代表国家，"儒臣捐资"代表"儒士之私情"，而儒士之所以对孔子、孔庙有"私情"，则是因为他们之所以能得功名、做老爷，都要拜圣人所赐。

相对于一人一事、一时得失，作为整体的士大夫阶层的确可以宣称代表着"公"，而相对于全天下的人来说，士大夫阶层又有自己的"私"。孔庙就是这么一个既"公"又"私"的神圣场所。

二、 从祀与公论

这个既"公"又"私"的最集中体现,就是孔庙的从祀制度。

本来,早期祭孔典礼中配祀的都是孔子弟子,其中以颜渊最受重视。自唐贞观二十一年(647),太宗诏以左丘明、子夏至杜预、范宁共二十二人配享孔子庙堂,开启以儒者从祀孔子的传统,孔庙从此出现了一条以从祀诸儒构成的统系。后世认为,这二十二人皆与儒家经典的保存与传授有关。

唐开元八年(720),又以《论语》中所谓"孔门四科"即颜回、闵损、冉伯牛、仲弓、宰予、子贡、冉求、子路、子游、子夏为十哲,悉为坐像,又特以曾子坐于十哲之次,并图画七十弟子及二十二贤于庙壁之上,孔庙诸神的等级体系逐渐清晰。

唐宋时代,在孔庙享受馨香之报的圣贤代有增减。经历了孟子地位的迅速上升、王安石跻身配享却又遭摈除等大变化,到南宋咸淳三年(1267),以颜子、曾子、子思、孟子为四配的格局终于稳定。也是在宋代,孔子神主及四配、十哲位列殿上,孔门弟子及从祀后世儒者位列东西两庑的空间安排固定下来。

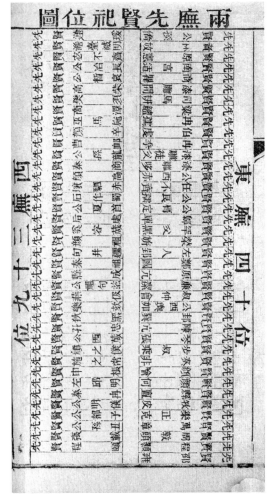

《文庙祀位考略》两庑先贤位次图

此后的孔庙，就呈现出一种清晰的等级秩序：孔子自然位居顶峰，往下是四配、十哲（康熙时升入朱熹为十一哲，乾隆时升入孔子弟子有子为十二哲），东西两庑之内则是从祀诸儒。嘉靖九年（1530）又把从祀诸儒分为两个等级：孔门弟子称作先贤，左丘明以下的后世儒者称作先儒。两庑之内，先贤、先儒的神主依序排列。

对于唐宋以后的儒生来说，能够从祀孔庙是可望且可及的最高等级的祭祀。因为它不论政治地位的高低、生前声名的显隐，在理论上，只要学行得到承认，就有可能在身后享受这一殊荣，与历代圣贤相揖让，接受帝王将相与后代儒生的崇拜。

这个由儒家之中最杰出人物构成的可见的谱系，很容易被想象为道统的表达。然而，即便在理学内部，道统自朱子以后如何落实，也是个从未达成一致的问题，所以孔庙从祀往往引起广泛的论争，而相关的讨论也总会集中在此人是否足担道统上面。

从祀两庑的标准是什么呢？清代礼学家秦蕙田总结说，唐代以前的儒者能否从祀，主要看是否有功于经学；宋代以后的儒者能否从祀，主要看是否有功于理学（《五礼通考》卷一二〇），但这只是一种理想化的笼统概括，从祀过程中的具体论证远比这个说法复杂。更重要的，从祀由皇帝批准，往往还要经过朝廷的公开讨论，说到底是一项政治行动，它不仅体现一时的学术风尚，还与特定时刻的政治生态有关。

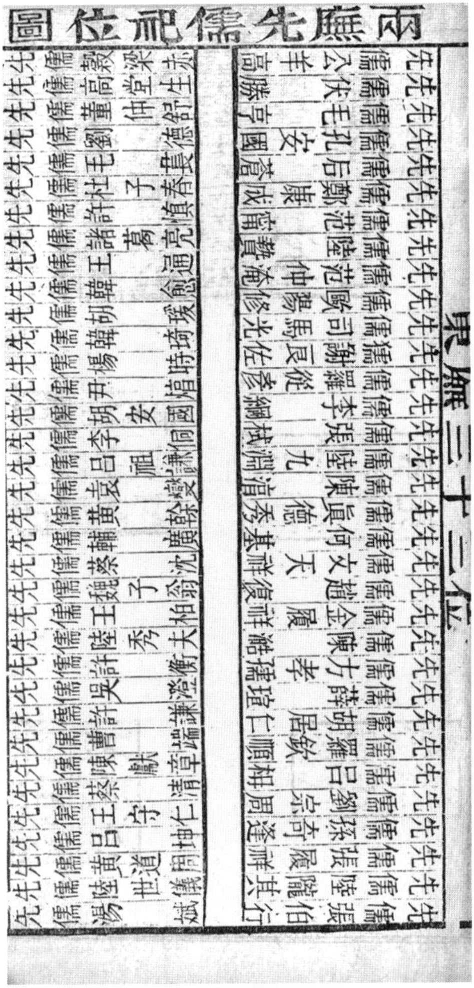

《文庙祀位考略》两庑先儒位次图

从祀制度始于唐贞观二十一年，在之前的贞观四年（630），唐太宗已经下令天下州、县学皆立孔庙，孔子祭祀正式遍及天下，而且深入国家政权机关所在的最下一级。从祀制度也就意味着，从祀孔庙的儒者之神位遍设于天下各州各县，成为全国读书人的共同偶像。明清时代，倘若有被提请从祀孔庙者而遭驳回，往往会由朝廷给一个"祀于其乡"的待遇，在家乡的乡贤祠（一般也设于孔庙之中比较附属性的位置）享受祭祀。这种安慰性的折衷方案，侧面说明从祀孔庙具有超越地方、达于天下的普世性地位，与本乡本土的祭祀不可同日而语。

除了空间上的普遍，从祀孔庙也意味着获得时间上的超越，不再受改朝换代的影响。功名、爵位、官职，大多限于一朝一代，但中国朝代更替如此频繁，直到二十世纪之前，还没有出现新王朝不承认孔庙及从祀诸儒的先例。固然从祀有增有减，但都出于王朝期中一时之决定，不是一朝天子一朝臣的制度惯性安排。正如万历初年朝廷讨论王阳明从祀时，支持从祀的侍读学士陶大临质问反对者礼部尚书陆树声："朝廷不难以伯酬之，何况庙祀？"陆树声回答："伯等一时之典，从祀万世之典。"（《春明梦余录》卷二一）给个伯爵没什么，那只是一时的光荣，从祀孔庙却是永恒的尊崇。这是从祀制度"公"的一面。

就"私"的一面而言，孔庙的安排首先是儒士、儒臣们自己内部的事情，大家争来吵去，不见得都是关系国家大政的要务,皇帝最多扮演裁判就足够了。

研究过熊禾、吴澄、王阳明等大儒从祀经过的朱鸿林指出,明朝没有任何一次从祀是皇帝策动的,各个等级的士大夫、甚至低至县学的训导都可以上疏提议从祀某位先儒。一旦有人提议,皇帝就让臣下讨论乃至辩论,如果廷议的意见一致,皇帝通常都会听从,如果意见有分歧,皇帝也只会搁置争议,而在王阳明从祀的例子中,最终起到关键作用的是首辅申时行。(朱鸿林:《儒者从祀孔庙的学术与政治问题》,《孔庙从祀与乡约》,第19—20页)身为首辅,也就意味着申时行乃是最高位阶的士大夫、士大夫之领袖,充分说明从祀孔庙乃是士大夫群体一家之事。

皇权的关切主要体现在孔庙的存在,而不在孔庙里都有谁。研究明儒薛瑄从祀的许齐雄也说,在讨论从祀事务的时候,"这些官员根据各种个人、思想理念、地理和政治的目的作出辩护,其中没有谁的举动是纯粹为了皇帝的利益。这些官员各自提出的各种关怀和观点,主要是在竞争获取公论。"(许齐雄:《北辙:薛瑄与河东学派》,第148页)

所谓"公论",往往以廷议的方式体现出来。明代沈鲤(1531—1615)说过为什么孔庙从祀一定要经过廷议:"从祀一事,持久不定,必烦廷议者,则以在廷之臣可以尽天下之公议。"(孙承泽:《春明梦余录》卷三八)何以从祀必须"尽天下之公议",而廷臣就可以代表天下呢?那显然是因为,所谓"天下之公议",不过是士大夫之公议,而廷臣作为士大夫阶层的最高等级,是有着代表全体士大夫阶层的资格的。

另一方面,从祀也意味着权力对先儒的降服。在争取儒者从祀的过程中,后人往往把先儒塑造成符合正统的特定面貌,也就是说,要对先儒的思想遗产进行筛选、重塑乃至扭曲。而得以进入孔庙,固然可以等同于进入正统,但成为正统之后,学者的面目也都慢慢固定下来,从模糊、暧昧、带着棱角的思想者,转变为正能量的生产家,这是跻身正统的代价。从祀,因此也成为思想史上的一种"暴力"行动。

三、 清代孔庙从祀的扩容

清代是孔庙从祀人数最多的朝代,从祀标准也开始"多元化"了起来。

康熙五十四年(1715),经过两次失败之后,范仲淹得以从祀孔庙。范仲淹的学问、著述都为后人敬仰,不过他在历史上的"第一面目"还是守卫边疆、主持新政的政治家。根据清朝人的说法,这是历史上第一次"于道德学问之外兼取经济非常之才"。(曾国藩等:《议覆李纲从祀文庙疏》,咸丰元年三月十四日)往大了说,这种安排反映了清朝朝廷较为现实主义的政治态度;往小了说,也增加了孔庙祀典与社会事务的联结程度。

不过,康熙对于孔庙从祀的热情始终不高。康熙二十五年(1686),李振裕(1642—1710)和许三礼(1625—1691)上疏要求厘定孔庙从祀位次，主要是宋六子（周敦颐、程颢、程颐、邵雍、张载、朱熹）在从祀序列中的位置问题。这年七月二十六日的起居注里，记载了康熙君臣对此事的讨论。有些大臣主张，宋六子的位次应在左丘明之下、历代先儒之上，另外一些人则主张，应以时代先后确定位次，不必将这几位特为提前。双方各执一词，各有理由，最后康熙帝说："此事无关国计民生，许三礼辈不过欲沽虚名耳。朕闻九卿会议时，彼此争论纷纷不绝，若他事尽然，岂不有益乎！"这件事就在皇帝的不耐烦中结束了。

对孔庙"扩容"贡献最大的是雍正皇帝。雍正二年（1724）三月，雍正帝太学释奠之后，对儒学一口气提出了三条优待措施：第一条，增加孔庙从祀人数，增置先贤先儒后裔的五经博士；第二条，增加"人文最盛"之州县的学额；第三条，增广乡试解额。

廷臣会议之后，拿出了一个孔庙从祀增入的大名单，首先建议将嘉靖年间改祀于乡及罢祀的十一人复祀，另外再新增从祀十八人。经过雍正帝调整，最终议定复祀六人：林放、蘧瑗、秦冉、颜何、郑玄、范宁，增祀二十人：县亶、牧皮、乐正子、公都子、万章、公孙丑、诸葛亮、尹焞、魏了翁、黄榦、陈淳、何基、王柏、赵复、金履祥、许谦、陈澔、罗钦顺、蔡清、陆陇其。在唐代以后的整个孔庙历史上，这是增祀规模最大的一次。

本来，廷臣建议的名单中还有陆贽、韩琦，被雍正帝驳回，不过仍保留了诸葛亮。这三人都属于范仲淹一类"经济名臣"，而与"传经卫道"关系不大。到道光、咸丰年间，陆贽、韩琦也先后得以从祀孔庙。

乾隆帝的风格与乃父不同，年轻时也曾对孔庙抱有热情。乾隆二年（1737），他接受兵部尚书甘汝来的奏请，恢复了元儒吴澄的从祀。吴澄本来在宣德年间就从祀了孔庙，嘉靖时因为屈身仕元而遭罢祀。次年，乾隆帝又将有子升为第十二哲。但自此以后，终乾隆一朝，孔庙祀位未再有调整。

乾隆十二年（1747），皇帝看到大儒阎若璩（1636—1704）所撰《孔庙从祀末议》十二条，发议论说，孔庙两庑从祀的那些人，历朝历代多有出入，都是出于书生习气，"喜逞臆断而訾典章，就其一偏一曲之见，言人人殊"，甚至还有"迎合时事、党护乡曲"的事。祀典固然重要，但如果"凭其私心浅见，率议更张，忽进忽退，忽东忽西，成何政体"。（《清高宗实录》卷三〇二）

"书生习气"，是乾隆帝对儒臣热衷于议论孔庙祀典的基本判断。后来衍圣公上奏说，孔庙不应从祀告子，因为告子言性恶，乃是孟子的论敌，乾隆帝说："尚属有理，已批九卿议奏。然亦绝无关系之事，读书人每于此等处沾沾置辨。"（《清高宗实录》卷五〇四）他对孔庙的态度，正是视之为"读书人"之"私"的。

总的来说，乾隆帝根本不相信将故儒送入孔庙可以激励士习，也就是说，不相信榜样的力量。山东按察使沈廷芳奏请增祀多人，乾隆帝竟将沈廷芳开缺，并以非常严厉的口气申斥道：

昨据沈廷芳请增从祀文庙一折，所奏无关紧要，已于折内批示饬矣（按乾隆帝朱批：增祀之事，议论纷如聚讼，亦无实济政要，故不为也）。身为臬司，自有职任应为之事，所当实力办理者。从祀增损，本无裨于实政，昔人纷纷聚讼，已属无谓，乃撮拾经生家言，连篇累幅，徒为条奏塞责，可乎？国家激劝人才，现在信赏必罚，应之者尚恐不能捷如影响，况以已往之人，用虚名进退，遽望其转移风尚，真所谓不揣其本而齐其末耳。（《清高宗实录》卷六二九）

在读史者看来，乾隆的看法堪称洞见。从祀孔庙固然可以激励人，这不可否认，但能被从祀孔庙"吃冷猪肉"所激励的，恐怕还是以经生宿儒为多，其等而下之者就流为酸腐。清末民初的刘大鹏（1857—1942）所谓"人至没世而莫能分食一块冷肉于孔庙，则为虚生"（刘大鹏：《晋祠志》），常被学者引用来证明孔庙在读书人心目中的地位，其实这是很普遍的乡曲之见，真正在变革时代旋转乾坤的能臣志士倒很少见有类似议论。

嘉庆帝子承父志，一朝没有增祀一人。事实上，自乾隆三年（1738）有子升为先哲之后，孔庙配享与从祀的名单、位次维持了八十多年未曾变动。孔庙的沉寂，直到道光二年（1822）御史马步蟾奏请从祀明儒刘宗周方才被打破。

晚清从祀诸贤儒

刘宗周

　　刘宗周(1578—1645)，字起东，号念台，人称蕺山先生，浙江山阴县人，明末在朝为官，明朝灭亡后绝食而死。刘宗周以"诚意""慎独"为宗旨，虽属广义的心学一派，但对阳明学也并不完全服膺。著名弟子有黄宗羲、张履祥、陈确等。

　　马步蟾，生卒年不详，嘉庆十六年(1811)进士，浙江会稽人，道光元年(1821)起任监察御史。他的奏疏首先概述刘宗周的生平，一是"时标清介，冠于同朝，谠论忠言，形于奏牍"，二是"殉难捐躯，致命遂志"。他说，如果只是这样的话，那么在乾隆四十一年(1776)时，朝廷赐谥"忠介"，已经足以表彰，但是刘宗周"通籍四十余年，在朝服官之日少，在野讲学之日多"，主要还是一位理学家。尤其是他作为阳明学之后，对阳明后学杂于禅学之弊深感忧心，所以才建证人书院讲学其中，"其学专以诚意为主，而归功于慎独"，足以从祀文庙。

　　主管从祀事务的衙门是礼部，皇帝要求礼部拿出意见。礼部的覆奏先举康熙五十四年(1662)从祀范仲淹的先例，又述陆陇其、吴澄等人从祀的过程,并据《明史》刘宗周本传所记事迹,说他在明末已被称为完人,"所学虽源本于王守仁,而期于实践……粹然一出于正",称得上"倡明正学,远契心传",应于从祀西庑,位在明儒蔡清之次。

会稽、山阴同为绍兴府的附郭县,马步蟾与刘宗周同乡,这次请祀首先出于对乡贤前辈的崇仰。但看似波澜不惊的奏请与允准之间,却隐藏着两个突破:第一,刘宗周是首位得以从祀孔庙的明季忠烈;第二,刘宗周也是王阳明以后首位得以从祀的王学中人。

崇祯十七年(1644)北京城陷,刘宗周荷戈徒步到杭州,要求浙江巡抚发丧讨贼,还招募义兵,意在勤王。南明福王小朝廷任命他为左都御史,刘宗周弹劾了马士英、阮大铖,反遭罢官。清军攻陷杭州,刘宗周遂绝食殉国。乾隆修四库时,刘宗周名下的《刘念台疏奏》乃至《刘子全书》都名列禁书目录之中。

刘宗周殉国的经过,《明史》本传所记甚详,学人著作如宗周弟子黄宗羲《明儒学案》也有大段记述。但此次刘宗周并非以忠臣烈士、而是理学家的身份从祀孔庙,马步蟾的奏疏和礼部覆奏都很谨慎地淡化了他的政治表现,而把重点放在他的学术宗旨上。

至于刘宗周的阳明学背景,也被从反面化解了,即把他描述为"王学末流"的批评者,而非王阳明的继承者。此外,由于王阳明本人已经在万历十二年(1584)从祀孔庙,因此王学在官方意识形态中的形象也并非绝对负面,负面的是"末流"而非王学本身。只要无人反对,这些不利因素都可以置之不理。

汤　斌

或许受了刘宗周从祀成功的鼓励,道光三年(1823),通政司参议卢浙(1757—1830)提请同样有王学背景的汤斌从祀孔庙。

汤斌(1627—1687),河南睢州人,仕至江苏巡抚、礼部尚书、工部尚书。他为官清廉,为人简朴,人称"豆腐汤"。在江苏巡抚任上,汤斌大规模拆毁"淫祠",是正统理学家的代表。

以上事迹自然都成为卢浙奏疏中的论据。他特别指出:"汤斌之学,其初用王守仁良知之言以立根脚,而居敬以立体,穷理以致用,既尊德性,仍道问学,实与程朱同出一辙",并引用《四库全书总目提要》的定论,称他"能持新安(朱熹)、金溪(陆九渊)之平"。卢浙给汤斌的定位是,本朝儒者以陆陇其、汤斌二人为最,陆陇其已于雍正二年(1724)从祀孔庙,现在需要考虑汤斌的问题了。

礼部对于卢浙的奏疏并无异议。不过他们覆查旧案,却发现一个障碍:汤斌从祀已经在乾隆年间提出过,但被否决了。

乾隆四十六年(1781),乾隆帝西巡五台山。三月十八日,趁着皇帝经过保定,大理寺卿尹嘉铨同时递上两份奏折。第一份是请求乾隆帝给他的父亲尹会一赐谥号,皇帝看了批示道:"与谥乃国家定典,岂可妄求?此奏本当交部治罪,念汝为父私情故免之。若再不安分家居,汝罪不可逭矣。"语气已经很不客气。待看到第二份奏折,皇帝勃然大怒。

第二份奏折中尹嘉铨说,他的父亲尹会一曾任河南巡抚,在任时曾经呈请将汤斌从祀孔庙,当时廷臣会议认为,汤斌虽然是贤臣,但著作不如陆陇其之多,因此驳回。但尹会一并不死心:

> 臣父以远臣不敢再渎圣聪,然时时垂涕语臣,示以从祀诸人元儒有四、明儒有六,我朝大儒首推汤、陆,陆之文学固愈于汤,汤之德政实贤于陆,今也取陆而遗汤,似与圣门四科先德行而后文学之意有间。况当盛世重熙累洽之后,雅化作人,名臣辈出,堪以增祀者尚不乏人,而从祀者只有一陆陇其,尚未及元、明诸儒之众多,终属缺典,小子识之。臣承庭训,四十年来不敢愆忘,昔者蒙恩特用部曹,曾充会典馆纂修五载,得以遍观八旗及各省通志诸书,详考国史,见得范文程、李光地、顾八代、张伯行行实皆在汤斌之亚,均堪从祀,至于臣父尹会一既蒙御制诗章褒嘉称孝,已在德行之科,自可从祀,非臣所敢请也,伏乞皇上特降谕旨施行。谨奏。

这段话实际上说了六个人。除汤斌外，范文程（1597—1666）系清朝开国文臣，清初规制多出其手；李光地（1642—1718）是康熙年间"理学名臣"；顾八代（？—1708）是满洲镶黄旗人，伊尔根觉罗氏，曾任礼部尚书，在满洲大臣中汉文和理学修养最好；张伯行（1651—1725）亦是康熙、雍正间大臣中之理学家。

至于这份奏疏的真正主角尹会一（1691—1748），他于乾隆初年曾署理广东、河南巡抚，官至吏部侍郎。持平论之，尹会一曾增订《洛学编》，在任时还命所属各州县建立社学，也算是理学中人，从官方给他立的传记来看，居官还颇有善政。

不过像这样的大臣，可以说俯拾皆是，尹嘉铨替乃父想出来的从祀理由，主要是乾隆帝曾赐诗一首，以鼓励尹会一孝母之举。那是在乾隆八年（1743）十一月，因为尹会一奏请辞官奉母，乾隆帝特赐御制堂额、楹联、诗章，其中御制诗是这样写的："聆母多方训，于家无间言。麻风诚所励，百行此为尊。名寿辉比里，孝慈萃一门。犹闻行县日，每问几平反。"最后一句，用的是西汉京兆尹隽不疑"行县录囚徒还，其母辄问所平反"的典故，意思是尹母对儿子做个宽仁的好官起了很大作用——虽然是褒奖，主要也是套话。

可以想象，乾隆帝看到这份奏折，已经暴跳如雷，因为朱批只写了几个字："竟大肆狂吠，不可恕矣！"令军机处阅看查办。军机处当天回奏，大骂尹嘉铨"丧心病狂实出寻常意料之外"，同声要求重治其罪。乾隆帝随即颁发了长篇上谕，先说从祀孔庙"非人品、学问纯粹无疵、久经论定者",孰敢轻议？所以本朝从祀者寥寥无几,宁缺毋滥,然后逐人批驳了尹嘉铨提出的几位从祀候选人：

汤斌在康熙朝曾侍理密亲王(即废太子胤礽)读书,但因为不能尽心辅导,所以导致理密亲王纵欲过度,终遭废黜,证明他不是一位好老师。

范文程本来是明朝的秀才,后来在我朝为官,虽然跟洪承畴那样的贰臣不同,但肯定算不上"纯儒"。

李光地在三藩之乱时曾在叛军中上疏告变,以表忠心,但外间传说,本来是陈梦雷与他一同列名,他却删去陈梦雷的名字,独占功劳,有违公论。

顾八代只是个翻译,通满汉文而已,居官循谨,并无过人之处。

张伯行虽然操守廉洁,那也不过是理所应当。而且他参奏噶礼一案,也不是出于公心,而是因为噶礼想要对付他,张伯行只能以攻为守,只不过为了保全自己。

至于尹会一,我当初赐诗给他,那只不过是想树立个榜样,让大家有个参照,其实他在巡抚任内也不过本分供职。后来因为他不能胜任地方大吏,才改任京官,连汤斌等人也比不上。尹嘉铨抓住我的一首诗就说他父亲已经列在"德行之科",真是"丧心病狂、毫无忌惮,其视朕为何如主耶?"

尹嘉铨此次上疏,换来的是抄家和绞刑。查抄过程中,在尹家抄出不少书籍、手稿,乾隆君臣对此寻章摘句,对尹嘉铨极大地羞辱了一番,成为清代文字狱中相当特殊的一案。

道光三年的礼部如何应对这个尴尬的先例呢?覆奏说,固然乾隆帝否定过汤斌,但其实乾隆四十八年(1783)还有这样一份谕旨,内称理密亲王性情乖张,就算找了汤斌等人来辅导也无济于事。这个谕旨证明乾隆帝内心的真正想法是:理密亲王的堕落是他自己的问题,是身边宵小的问题,与汤斌等人无关,"是理密亲王不能受汤斌辅导之益,早在圣明洞鉴中",因此汤斌跟范文程等有污点的人还是不一样。

但查《高宗实录》,最接近这个意思的谕旨应是乾隆六十年(1795)九月十一日关于传位的一份,其中说到:

> 圣祖仁皇帝曾以嫡立理密亲王为皇太子,并特选正人辅导,如汤斌、徐元梦,皆系公正大臣,非不尽心匡弼,乃竟为宵小诱惑,不能恪供子职,终至废斥,后遂不复册立。

搞错了时间,礼部未免太粗心,但能在浩如烟海的皇帝谕旨中找出这么一段,执笔者的文书功力可谓惊人。礼部最终的结论是,拟以汤斌从祀孔庙东庑,位在明儒罗钦顺之次。上谕允准。

其实礼部没有提到的是,除尹会一、尹嘉铨父子外,汤斌从祀孔庙的呈请还曾被提出过一次。

乾隆二年(1737)九月,吏部侍郎方苞请求将汤斌从祀孔庙,事见《方苞集》中《请以汤斌从祀文庙及熊赐履郭琇入贤良祠劄子》。方苞的动力是,就在这一年的三月,朝廷给汤斌赐了谥号,而且还是文臣中等级最高的"文正",又补入贤良祠。九月,他就借着皇帝"求极言直谏之士"的机会,提出了呈请。方苞以陆陇其为比照,也提前回应了汤斌之学"杂以陆王"的批评,结语是"此海内有心有口者之公言,非臣一人之私议也",颇有志在必得之感。

此议如何被驳回,史无明文。全祖望《前侍郎桐城方公神道碑铭》说,乾隆帝即位之初,对方苞相当信任,用人行政经常征询他的意见,而方苞也颇有主见,得罪朝中不少大臣,结果导致大家约定,凡是方苞的提议,就集体抵制。传文说,"虽以睢州汤文正公天下之人皆以为当从祀者,以其议出于公,必阻之",最后又说,"前此力扼睢州从祀之尚书,垂死悔恨以为疚心"。看起来,此次请祀是在满朝反对方苞的情况下,由某位尚书(当时担任礼部尚书的是魏廷珍)出面,坚决反对而作罢的。这是政争影响从祀的一个例子。至于这位尚书是不是在临死前还在悔恨,那就不能只信传记作者的一面之词了。

黄道周

继刘宗周之后,第二位从祀孔庙的明季忠臣是黄道周。

黄道周(1585—1646),字幼玄,号石斋,福建漳浦人,明末为官,敢言直谏,朝野知名。北京陷落,黄道周任南明礼部尚书,弘光帝覆亡后,又在唐王小朝廷担任武英殿大学士等职。他募兵筹粮,攻伐清军,后兵败被俘,与门下四君子同日被害。

黄道周的从祀建议,出自翰林院编修、福建侯官人陈寿祺(1771—1834)。道光五年(1825),陈寿祺以"在籍绅士"的身份向福建地方官提出建议,再由闽浙总督赵慎畛正式上奏。

道光九年(1829)刻本《黄忠端公年谱》一开始就完整收录了这份奏疏。陈寿祺的说辞是,黄道周"行完忠孝,学贯天人,著述本于六经,节义兴乎百世",这都与刘宗周相近,理应比照刘宗周,入祀孔庙。

赵慎畛的奏疏就更加审慎缜密。他先举出《明史》黄道周本传对传主的肯定,又引用《御批通鉴辑览》称赞黄道周"学行推重于天下"的话,然后是乾隆四十一年(1776)赐谥"忠端",最重要的是乾隆帝上谕说,"刘宗周、黄道周立朝守正,风节凛然,其奏议慷慨极言,忠荩溢于简牍,不愧一代完人",这句话成为黄道周得以与刘宗周并列的最终依据。

其实这句话是乾隆四十一年十一月皇帝关于四库修书中"违碍书籍"处理方法的指示,虽非对明季诸臣的盖棺定论,但其中褒贬分明,在后来经常被援引。有意思的是,在"不愧一代完人"之前,谕旨原文还有"卒之以身殉国"一句,却被删掉了。《钦定国子监志》《文庙祀典考》等书所录赵慎畛奏疏都缺了这一句,应该不是年谱作者的私自改动。

合理推测是,这是为了避免因黄道周的反清立场而引发争论。其实,刘宗周从祀时,虽然没有引用乾隆四十一年上谕,但所引赐谥原案也没有略去其殉国情节,并未造成麻烦。赵慎畛大概是过于谨慎了。

接下来,奏疏概述了黄道周的学术建树,结论是"盖宗周以诚意为主,而归功于慎独,能阐王守仁之绪言而救其流弊;道周以致知为宗,而止宿于至善,确守朱熹之道脉而独溯宗传"——这是标准的八股文写法,读到这里,不得不佩服科举训练的功效了。

八股文于破题、承题、起讲之后,就进入"股"的部分,要求两两相对、排偶成文,这样的形式,特别适合"一分为二""辩证统一"的思维方式。赵慎畛将黄道周与刘宗周对举,并强行将二人贴上"一朱一王"的标签,却又不把话说死,真正做到了八股文写作所谓"锁上关下、左右逢源"的要诀。

其实以学术倾向论,黄道周杂采程朱陆王,并不单主一家。他确实偏向朱子学,赵慎畛说他为学"以致知为宗",黄道周的"致知"并不是王阳明的"致良知",他曾说"致知只是学耳",这是典型的朱子学思路。他的门人洪思也说,"黄子学善朱子,素不喜文成良知之说"——但这句话其实就在黄道周《王文成公文集序》中的双行小注中,意在描述黄道周从"不喜"阳明学到承认阳明学的转折。小注还收录了洪思的另外一句话:"黄子之学大则周孔,小则伊孟,亦不尽宗考亭。"序言正文，黄道周说："明兴，有王文成者出，文成出而明绝学、排俗说、平乱贼、驱鸟兽。大者岁月，小者顷刻，笔致手脱，天地廓然，若仁者之无敌。自伊尹以来，乘昌运、奉显绩，未有盛于文成者也。"可谓极尽揄扬，但奏疏作者就不便引用了。

另外一篇《书王文成公碑后》还记载了他与学生的一段问答。学生问，阳明如何得到那人所未知的东西呢？黄道周回答说，阳明"自家说从践履来，世儒都说从妙悟来，所以差了"。又问："如何是践履来？"答云："伊历过许多汤火，岂世儒口耳所就？"照此看来，黄道周对王阳明的学问和践履都是充分承认的，只是对阳明后学的"妙悟"不以为然，这点与刘宗周并无多少差别，至少构不成思想光谱的两端。黄宗羲《明儒学案》将他列入《诸儒学案》，并没有给他以明确的学术史定位，或许就是看到了黄道周思想的这种复杂性。

然而，在朝堂上流转的奏疏，则必须无视先儒思想的内在丰富性，而予以简捷明快的判断，以将其对接进特定谱系。黄道周就这样成了明末朱学一派的代表人物。

从公文角度看，赵慎畛论述确实滴水不漏。礼部覆奏除了重复他的理由，也提不出什么异议。最终，黄道周从祀孔庙东庑，位在罗钦顺之次。

吕　坤

刘宗周、汤斌、黄道周连续从祀成功，刺激了各地提出从祀呈请的热情,孔庙从祀进入快车道。

道光六年(1826),河南宁陵县举人李铭恩等呈请从祀明儒吕坤。吕坤(1536—1618),字叔简,河南宁陵县人,万历时出任金都御史、刑部侍郎等职。万历二十五年(1597),他上《忧危疏》劝谏神宗,朝野闻名,后因牵涉妖书案,称病致仕,返乡著书。著有《闺范图说》《呻吟语》《实政录》等书。

李铭恩作为吕坤本乡士绅,呈请中以刘宗周、汤斌、黄道周为比,称吕坤"实堪媲美",带有一点地方竞争的味道。河南巡抚程祖洛(1776—1848,这个名字看上去就很"理学")的奏疏除援引《明史》本传、地方志之外,并称"所著《呻吟语摘》曾采入《四库全书》,钦定《提要》称其讲学不侈语精微高远,惟以躬行实践为归,在明代最为醇正。此外著述亦皆卫道宗经,有裨风化",因此请予从祀。

查《四库全书总目提要》,《呻吟语摘》的提要是这么说的:

> 大抵不侈语精微,而笃实以为本;不虚谈高远,而践履以为程。其在明代讲学诸家,似乎粗浅,然尺尺寸寸,务求规矩,而又不违戾于情理。视陆学末派之倡狂,朱学末派之迂僻,其得失则有间矣。

程祖洛的奏疏如何避重就轻、断章取义,自不必说,他还加了一句"在明代最为醇正",让人误会这也是《四库提要》的评语,很难说不是有意为之。

相比之下,礼部的覆奏仅仅略强而有限:"钦定《提要》称其'不侈语精微,而笃实以为本;不虚谈高远,而践履以为程,绝无朱陆末流放浪迂腐之病'",显然去查了原书,但一样属于创造性引用。

不过,既然引到《四库提要》,那就很难忽略其中对于吕坤另一部著作《四礼疑》的负面评价。四库馆臣为这本书写了长篇提要,大加反驳,称其"好用臆说,未可据为典要",结论是:"坤之讲学在明代最为笃实,独此一编,轻于疑古,白璧之瑕,虽不作可矣。"除了"最为笃实"一语可能是程祖洛"最为醇正"的源头,算是有利论据,其余的"差评"都需要一个解释。

礼部没有逐字引用《提要》的用词。覆奏说:"惟《四礼疑》一书,未免疏于考典,轻于议古,然系通儒一端之蔽,于人品学术并无所损",并且举出欧阳修、司马光、吴澄等人都有学术污点,但都已从祀孔庙,"初不以意见之偶偏,掩其生平之实学"。总之,吕坤"道可济时、书堪觉世,实足树儒林之圭臬,绍理学之宗传",应予从祀,位在西庑明臣蔡清之次。

陆 贽

自刘宗周以至吕坤,成功从祀的几位都是明清两朝的先儒。随着从祀逐渐提速,从祀候选人的范围也在扩大。

道光六年(1826)，监察御史吴杰(1783—1836)呈请将唐代名臣陆贽从祀孔庙。陆贽(754—805)，字敬舆，吴郡嘉兴人，唐德宗朝翰林学士、宰相，谥号"宣"，世称陆宣公。

吴杰的上奏先后退一步，声明"孔庭从祀，典礼攸崇，前代名臣原不必尽升两庑"，紧接着就说，"若其事功彪炳，而又言醇学粹，远契心传者"，如果列朝都没有将其从祀，也不妨由本朝补入。吴杰引用《旧唐书》以及权德舆、司马光、苏轼、杨时、陆九渊等人的论赞，旨在论证陆贽"印合道真，践履无愧"。如今黄道周、刘宗周都已从祀，陆贽也可比照入祀。言下之意，陆贽所对应的从祀标准亦是"践履"。

礼部的覆奏先引用了《御选古文渊鉴》及《四库全书总目提要》对陆贽的肯定，但却面临一个难题：雍正二年孔庙扩容时，皇帝已经明确否定了陆贽。雍正帝说："至若唐之陆贽，宋之韩琦，勋业昭垂史册，自是千古名臣，然于孔庙心传，果有授受而能表章羽翼乎？"

覆奏承认，陆贽确实没有著述，因为太忙及"畏谤"，除了"制诏章疏"这些公务文字之外，"别无明道诂经之书"。但看他的奏议，说到罢兵就引《论语》，说到聚财就引《大学》《周易》《诗》《书》，可见他论事都"本于孔孟"。朱熹《周易本义》甚至还引了他的一句话来解释经文。其他议论，"无非根据经术，发为昌言"，比起那些训诂之儒，更称得上"远契心传"。

礼部进一步说，已经从祀的先儒中，诸葛亮、范仲淹、司马光"均无讲学之名，亦无释经之作"，若论文章道德，陆贽比起他们也毫无愧色。如果活在孔子弟子的时代,陆贽肯定要入德行、政事之科,如果放在三代以下贤臣队列中,应在萧、曹、杜、房之上,因此应予从祀,位在东庑隋臣王通之次,"庶明体达用之儒,虽诎于当时,道大光于盛世,且俾海内士子咸知厉廉隅而怀忠荩,勉德业而励修能,于学术人心不无裨益"。

陆贽的从祀理由可称牵强,礼部覆奏甚至以假设为言,使人感到执笔者已经搜尽枯肠。礼部提出作为比对的三位先儒,诸葛亮声望远超陆贽,范仲淹、司马光著述之多,亦非陆贽可比。礼部立场先行,目的也说得清楚,就是为了激励士风。

孙奇逢

道光八年(1828),御史张志廉(? —1839)提出从祀孙奇逢的呈请。

孙奇逢(1585—1675),字启泰,号锺元,直隶保定府容城县人,明末清初北方儒学的泰山北斗,著有《读易大旨》《理学宗传》《圣学录》等书,晚年讲学于辉县夏峰村,世称夏峰先生。

张志廉是天津府南皮县人,嘉庆十年(1805)进士。孙奇逢既不在《明史·儒林传》之内,张志廉只能引用《大清一统志》对他的描述,称他"早年潜心濂洛之学,以孝亲敬长为根基,以存诚慎独为持要",又说他的著作皆已采入《四库全书》,尤其重要的是,汤斌亲受业于孙奇逢之门,称赞他"讲道山中,公卿大臣、四方学士闻风而起,其有功于斯世者大"云云,如今汤斌已经从祀孔庙,孙奇逢也应享此殊荣。

礼部覆奏于概述孙奇逢生平之后,主要列举了两方面的依据,一是汤斌与孙奇逢的师承关系,二是《四库全书总目提要》对孙奇逢作品的评价。在引用钦定书籍这方面,礼部故技重施,一样样挑挑拣拣:

> 谨案《钦定四库全书提要》内称:孙奇逢说《易》发明义理,切近人事,平生之学主于实用,故所言皆关法戒,有足取焉。(出自《读易大旨》提要)
>
> 《四书近指》于四子之书挈其要领,统论大指,间引先儒之说以证异同,如云圣人之训无非是学,其论最确,然指意不无偶偏,如论"道千乘之国"及《大学》经传数节,未免高明之病。(《四书近指》提要在"高明之病"后还说:盖奇逢之学,兼采朱、陆,而大本主于穷则励行,出则经世,故其说如此。虽不一一皆合于经义,而读其书者知反身以求实行实用,于学者亦不为无益也。)
>
> 《中州人物考》意在黜华藻、励实行,恕于常人而责备贤者,颇为不苟,惟《张玉传赞》为纰缪。(《中州人物考》原文是"最为纰缪",后文还说:奇逢虽以布衣终,而当时实负重望,汤斌至北面称弟子。其所著作,非他郡邑传记无足轻重者比。故存其书而具论之,俾读是编者知其瑕瑜不相掩焉。)

先儒著作有瑕疵，这个容易解释。礼部覆奏引经据典，说连朱熹、司马光的著述都能挑出毛病，"不以一语之偶偏，掩其全体之实学"。其实，《四库提要》对孙奇逢的论定，主要在"兼采朱、陆"上：《岁寒居答问》的提要说"奇逢之学主于明体达用，宗旨出于姚江，而变以笃实，化以和平，兼采程、朱之旨，以弥其阙失"；《理学传心纂要》的提要说"奇逢行谊，不愧古人，其讲学参酌朱、陆之间，有体有用，亦有异于迂儒"；李懋绪《荆树居文略》的提要说"（赵）御众，孙奇逢弟子也，故耳目濡染，其语录亦宗姚江之学，然不为明季门户之见，以奇逢亦不立门户故也"；汤斌《汤子遗书》的提要说"斌之学源出容城孙奇逢，其根柢在姚江，而能持新安、金溪之平"；彭定求《南畇文集》的提要更是指明了"孙奇逢—汤斌"一系的学术渊源："定求之学出于汤斌，斌之学出于孙奇逢；奇逢之学出于鹿善继；善继之学则宗王守仁《传习录》。故自奇逢以下，皆根柢于姚江，而能参酌朱、陆之间，各择其善，不规规于门户之异同。"

四库馆臣于孙奇逢以王学为根、兼采程朱的倾向，可谓连篇累牍，再三致意。礼部覆奏的执笔者虽然全然不引，可也不能视而不见。覆奏结尾是这样说的："学无门户，兼传朱陆之宗；道溯渊源，足衍濂洛之脉"，一方面回避了"根底姚江"这种可能不利于从祀成功的评语，一方面又用"濂（周敦颐）洛（二程）"巧妙诠释了孙奇逢并非"关（张载）闽（朱熹）"嫡传的道统归属。

最终,孙奇逢入祀孔庙西庑,位在明臣吕坤之次。

文天祥

从道光二年(1822)到道光八年(1828),连续从祀了六位先儒,几乎每年一位。到道光九年(1829),御史牛鉴又奏请从祀清初大儒李颙(1627—1705),礼部的意见仍然是赞同。大多数情况下,皇帝对于礼部的覆奏都照例批准,只是这次道光帝大概觉得这几年从祀有些频繁,决定干预:"先儒升祔学宫,祀典至巨,必其人学术精纯,经纶卓越,方可俎豆馨香,用昭崇报。若仅著述家言,阐明心性,未有躬行实践,超越等伦……似此者亦不乏人,何能尽登两庑。"(《清宣宗实录》卷一六三)

这道上谕对晚清时期的孔庙从祀影响巨大。"著述家言,阐明心性"暗中对应"传经""卫道"两条标准,此时却让位给"躬行实践"。有意思的是,此前从祀诸人,从刘宗周到陆贽,都应该算得上"实践"之儒,只有孙奇逢、李颙主要以学术见长(但在理学的语境中未必没有"实践"),看来道光帝不满的主要是纯粹的"著述家",这与孔庙重视"传经卫道"的传统颇有差别。

这盆冷水泼下,十来年不见有从祀的呈请。道光二十年(1840),鸦片战争爆发,二十二年,《江宁条约》签订。直到二十三年,才有江西巡抚吴文镕奏请将文天祥从祀孔庙——若论"躬行实践",文天祥肯定够格。

早在元代,就有人提出为文天祥建祠立庙,最晚在明初,京城等地就已建有文天祥祠。明清两代,对文天祥的尊崇一直得到官方的支持。弘治十六年(1503),朝廷允准在文天祥故乡江西吉安府建祠,中祀文天祥,配祀文天祥部下忠义之士,此即庐陵螺山文丞相忠义祠。

螺山忠义祠原从东岳庙改建而来,历经重修增建,存续四百余年,是最重要的文天祥纪念空间之一。1936年,本地士绅邹鹄等借祠宇重建之机,编成《吉安螺山宋文丞相祠志》,其中完整收录《文丞相从祀原案》,罕见保留了地方政府提出从祀呈请的行政流程。

《吉安螺山宋文丞相祠志》所收文天祥"从祀原案"

原案第一件,是道光二十三年(1843)四月二十二日《吉安府为详请从祀事》。内称:"本年四月初五日,据卑府儒学兼理教授勒容塈、训导刘拱辰详称……卑学趋跄文庙,瞻仰先儒牌位,窃思文信国公仁至义尽,未经从祀,似为缺典,为此禀恳详请转奏从祀,以正道统而维名教等情到府。"

接下来吉安府举出的理由,主要从地方角度立论,说吉安府自宋明以来贤哲辈出,欧阳修、罗钦顺都已经从祀,只有文天祥还未曾议及。乾隆三年(1738),高宗曾作御制文一篇,对文天祥极尽揄扬,可为万古定论。

在节操方面,文天祥当然无可挑剔,在著述方面,也多有可采。吉安知府摭取《文山文集》中与"道""理""心"有关的文字,如举进士对策中所说"圣人之心,天地之心也,天地之道,圣人之道也",劄子中所说"圣人之作经也,本以该天下无穷之理,而常足以拟天下无穷之变,后世兴衰治乱之故,往往皆六经之所已有"等等,总之凡是抽象一点的言论,都被挑出来作为文天祥足以继承道统的论据。

吉安府的呈文最后说,"兹卑府儒学禀请从祀前来,卑府复饬庐陵县知县蒋予检、庐陵县学教谕涂琳、训导李鸿绪商诸绅士,舆论金同,似可从祀文庙以崇先贤而维风教"云云,请求宪台批示。

呈文之后,附了事实清册一本——所谓事实清册,指的是在祠祀事务中(例如予谥、旌表、入祀乡贤名宦、从祀孔庙等)向主管衙门提供的传记类材料,类似如今的"某某人生平及先进事迹汇编"。文天祥的事实清册一共九条：

   一、《宋史·文天祥列传》

   一、公之学，以立诚为主

   一、公之自守甚确

   一、公之学，以程朱为宗

   一、公之学，辟异端而崇孔氏甚力也

   一、公登进士第一，而不以科第介意也

   一、公之自奉，甚清约也

   一、公之作吏，政绩著明也

   一、公忠孝之性，发于自然也

其中所录《宋史》本传只是节略，其余各条均罗列文天祥言行，数百字不等，而结以"论者谓收宋三百年养士之报、立千万世人臣之极"。

呈文先送江西布政使费开绶、江西吉南赣宁兵备道陈士枚。五月二十一日，费开绶批："谨案宋贤信国文公经术起家，忠忱报国，万古仰日月之炳，一编传洙泗之微，允宜配享庙庭，以维风教"，然后请督、抚、院批示。

六月十一日，陈士枚批："宋贤信国文公忠以励节、诚以宅心，既守义以淑身，统承洙泗，复捐躯以报国，光炳日星，允宜崇祀庙庭，以维风教"，再请督、抚、院及藩司批示。——其实藩司已经批了，他还没见到。

闰七月初七日,江西学政孙瑞珍、巡抚吴文镕、署理两江总督璧昌的批示奉到,都很简短:学政"候抚部院核办,仍候督部堂批示",巡抚、总督都是请布政司确查详议。总之,都没意见。

接下来是江西布政使费开绶给巡抚的《为详请会奏请旨敕部核议事》,只是简单重复了从祀理由。然后就是江西巡抚吴文镕领衔、会同总督与学政联合上奏的《为宋臣文天祥完行纯忠志宗孔孟请从祀文庙以彰正学而阐幽光折》,这才到朝廷层面。

闰七月初八日会奏递上,八月二十二日朱批礼部议奏。礼部覆奏以刘宗周、黄道周为比,主要还是强调文天祥的"浩然之气",不像事实清册那样硬要说他是理学传人。

最终,文天祥入祀孔庙西庑,位在宋臣何基之次。文天祥成功入祀,是否与鸦片战争后需要激励士风臣节的时代需求有关? 至少在文本中,我们看到的只是常见的"维持风教"一类笼统的大词,未见有与具体局势有关的表达。不过,此次从祀系自下而上发起,不同层级人士在纸面之外是否另有真实想法,抑或根本由某位重要人物授意,下面只是奉命走流程,已经不得而知了。

陈康祺《郎潜纪闻三笔》卷二记载了一个难以求证的细节:

> 道光朝,江西抚臣奏请以文信国从祀文庙。其初,部议犹以信国豪华自奉、声伎满前为蹰躇。久之议上,

成庙谕左右曰："孤忠劲节如天祥,少年声伎何害。"卒俞其请。

事实清册中节录的《宋史·文天祥传》省去了这些话："(文天祥)体貌丰伟,美皙如玉,秀眉而长目,顾盼烨然……性豪华,平生自奉甚厚,声伎满前"。陈康祺记下这个故事或许只是为了渲染道光皇帝表面上节俭成性,以至于连前贤的少年豪奢也成为臣下的纠结。

另外,此时担任礼部尚书的是龚自珍的叔父龚守正,日后,"议准文信国从祀文庙"成为他传记中最重要的事迹。

谢良佐

道光二十九年(1849),河南巡抚潘铎、河南学政俞长赞奏请宋儒谢良佐从祀孔庙。

谢良佐(1050—1153),字显道,河南上蔡人,宋代理学家。潘铎、俞长赞的奏疏说,谢良佐是程颐、程颢的弟子,而且是同门四子之冠,所著《论语说》被朱熹《四书集注》采入四十多条;康熙"《御纂性理精义》称其赓续表章,与杨(时)尹(焞)并著",因此应予从祀。

查《御纂性理精义》凡例,有这样的说法:"性理之学至宋而明。自周、程授受粹然,孔孟渊源,同时如张、如邵又相与倡和而发明之,从游如吕、如杨、如谢、如尹又相与赓续而表章之"。这里提到的宋代理学家,周敦颐、二程、张载、邵雍自不必说,二程弟子吕大临、杨时、谢良佐、尹焞之中,杨时早在明弘治八年(1495)就已经从祀,尹焞于清雍正二年(1724)从祀,所以奏疏会举出他们二位作为比照。吕大临是陕西人,既然此时陕西官府没有提出,自然也就先顾不上了,他等到光绪年间才得以从祀。

作为二程弟子,谢良佐属于理学谱系主干。他有朱熹、康熙帝作背书,无重大"污点",在从祀流程中可谓毫无争议。不过真要说起来,谢良佐倒很符合道光九年(1829)谕旨中皇帝所反对的"仅著述家言,阐明心性,未有躬行实践"的标签。只不过此一时彼一时,文化政策中的条条框框,硬起来可以很硬,软起来却也可以很软。

最终定议,谢良佐从祀孔庙东庑,位在宋儒杨时之次。

李 纲

道光三十年(1850),福建巡抚徐继畬奏请宋代名臣李纲从祀孔庙。据《松龛奏疏》所收上奏原文,此次请祀系由署邵武府建宁县知县周保勋、教谕林观云、训导郑依仁最先提请,再由福建学政黄赞汤会同福建巡抚徐继畬一同上奏。

李纲(1083—1140),字伯纪,出生于无锡,籍贯福建邵武,因此从祀请求由福建提出。他是南北宋之际挽救危局的名臣,却不以学问知名。徐继畬的奏疏一方面说他"晚年究心经学,手著《易传内外篇》《论语详说》等书,皆足以羽翼圣经,昌明正学",另一方面又把他和诸葛亮、陆贽、范仲淹、王守仁等人相提并论,称为"千古之真儒,非止一朝之名相"。

据黎庶昌《曾文正公年谱》卷一,礼部覆奏由时任礼部右侍郎曾国藩起草。覆奏先说,历代从祀都以德行纯懿、有功经学为标准,但到本朝康熙年间以范仲淹从祀孔庙,"经济非常之才"也成为从祀的理由,其源头出于孔门四科之"政事"。此后,诸葛亮、陆贽、文天祥先后从祀,这都是出于"圣朝教忠之至意",是为了培养大家的忠诚之心。

李纲是抗金名臣,不过对于曾自称为"后金"的清朝来说,这种历史恩怨此时已经完全不是问题。覆奏对李纲极尽褒扬,曾国藩还找出福建奏疏中没有提及的李纲著作《中兴至言》《建炎类编》《乘闲志》《预备志》等,这些书虽已失传,但序言还保存在李纲的文集中。《四库全书》所著录的李纲著作有《梁溪集》《建炎时政记》二种,"于政治得失言之深切著明",应予从祀。

咸丰元年(1851)三月十四日上谕,李纲入祀孔庙西庑,位在宋儒胡安国之次。

提出李纲从祀呈请的时候,徐继畬在福建官场的处境并不轻松。几年前,他在福州衙署开始编辑《瀛寰志略》,道光二十九年(1849)刊刻完成了第一个版本,这部有志于介绍全世界概况的书一出版就引起士大夫阶层的反感。道光三十年,英国传教士和医生在福州城内神光寺赁房居住,开设诊所帮人戒除鸦片,以林则徐为首的福州士绅要求将其驱逐,徐继畲则主张劝其搬离即刻,这也成为他对外软弱、形同汉奸的罪状。几乎就在李纲从祀得到批准的同时,徐继畲被召回北京,咸丰帝亲自询问事情原委,最终将他降职留京。成功地把一位福建人送进孔庙,并没有为他在福建赢得多少好感。

韩　琦

咸丰二年(1852),河南巡抚李僡(1790—1853)、河南学政俞长赞(1816—1852)奏请宋臣韩琦从祀孔庙。

韩琦(1008—1075),字稚圭,出生于福建泉州,籍贯相州安阳县(今属河南安阳)。他曾与范仲淹在西北边境一同抗御西夏,又支持庆历新政。

原奏称,韩琦"三朝将相,天下升平;调护两宫,克称慈孝",而且还"究心《论语》,服诵终身",宋代名贤如欧阳修、司马光、吕祖谦等对他都非常推崇,朱熹还将他和范仲淹相提并论,因此应予从祀。

礼部的覆奏先解释了为什么宋代名臣如此之多。覆奏说,前代功臣虽然不少,但学问都谈不到纯粹,到了北宋,方才"事功性功合为一体,明体达用乃有完人",已经从祀的欧阳修、司马光、范仲淹都是如此。韩琦比他们几位都早,"足为三人之先导"。在概述韩琦一生功业之后,覆奏又举出雍正、乾隆两位皇帝对他的肯定,结论是应准其从祀,位在东庑唐臣陆贽之次。

值得注意的是,谢良佐、韩琦的从祀,都有河南学政俞长赞在其中推动。他是顺天府大兴县人,由举人考取国子监学正,道光二十一年(1841)登进士第,改翰林院任职,二十八年起任河南学政,卒于官。可惜他去世时只有三十多岁,未及有更大作为。

公明仪

提出韩琦从祀呈请后不久,河南巡抚李僡就调任山东巡抚。咸丰三年(1853),他又在山东奏请将公明仪从祀孔庙。

公明仪,鲁国武城人。他的名字主要出现在《孟子》《礼记·檀弓》《孔子家语》等文献,但关于他的生平,诸书记载都语焉不详。按《孔子家语》的说法,孔子弟子子张的父亲去世,公明仪为"相",即丧礼主持。他还问礼于孔子,孔子耐心地回答了他。《礼记·檀弓》又说他曾向曾子请教过问题,他又可以算是曾子的弟子。

《孟子》记录了好几条公明仪的言论,其中有些相当有影响,比如"庖有肥肉,厩有肥马,民有饥色,野有饿莩,此率兽而食人也"就是他说的,这句话还引起孟子"仁义充塞,率兽食人"的激愤之语;但他也说过"古之人,三月无君则吊"的话。在《孟子·离娄下》中,似乎孟子和公明仪又展开了讨论,让人以为他们是同时代人。总之,在儒家谱系中确实有公明仪的位置,但他的面目又相当模糊,这是他迟至晚清还没有得以从祀的主要原因。

李傪的奏疏骈四俪六,把这些内容都熔于一文,文采斐然的同时,回避了证据之间的矛盾之处。礼部覆奏用词要严谨得多,但也是说公明仪"生于周、学于鲁,早登孔氏之门,已在弟子之列,而又受教于子张、曾子,屡见称述于孟子",总之是照单全收,支持从祀。最终论定,位在东庑县亶之次。

有意思的是,"对牛弹琴"这个成语就和公明仪有关。《牟子理惑论》:"公明仪为牛弹清角之操,伏食如故。非牛不闻,不合其耳矣。转为蚊虻之声、孤犊之鸣,即掉尾奋耳,蹀躞而听。"但《牟子理惑论》是佛书,"对牛弹琴"又说不上是嘉言懿行,山东和礼部就都视若不见,只字未提了。

公孙侨、孟皮

山东从祀了公明仪之后,河南继续发力。咸丰六年(1856)十一月,河南学政俞樾(1821—1907)呈请从祀公孙侨。

公孙侨即子产,春秋末期郑国大臣。俞樾的奏疏说,他因为主持考试两次来到郑州,怀想子产,深为感动,因而提起呈请。请祀理由是,孔子周游列国时,对两位"贤大夫"评价颇高,一是卫国的蘧伯玉,另一位就是郑国的子产。《论语》中不乏对子产的称赞,《史记·郑世家》还说孔子在郑国时把子产当作兄长。蘧伯玉既已从祀,子产也应当享受同样待遇。

礼部的覆奏考察了子产的年龄及其与孔子的关系,结论是子产年龄虽较孔子为长,但"其生平学行诚不愧为圣人之徒",应予从祀,位在西庑林放之上。尽管孔子曾以兄事之,但子产还是必须以等同于圣门弟子的资格才能入祀孔庙,类似如今所谓"同等学历"。

此次请祀,河南以学政上奏,没有巡抚列名。查此时担任河南巡抚的是满洲正蓝旗人英桂(1801—1879),可能因为他正在忙于对付捻军。不过确实也没有满洲大臣提出从祀呈请的先例,反映出满汉在孔庙事务上的微妙区别。

俞樾在疏请从祀子产的同时,还提出将孔子的哥哥孟皮送进崇圣祠。

崇圣祠是孔庙中的独立建筑,一般位于中轴线上、大成殿后,原名启圣祠,明嘉靖九年(1530)始设,中祀孔子之父叔梁纥,以颜回之父颜无繇、曾参之父曾点、孔伋之父孔鲤、孟子之父孟孙氏配享,以程颢与程颐之父程珦、朱熹之父朱松、蔡沈之父蔡元定从祀,堪称"众父之所"。

之所以有这种设置,是为了解决从祀制度中的伦理困境:曾参父子都是孔子的弟子,但在启圣祠出现之前,儿子曾参高居配享之列,位在大成殿中,父亲曾点却只在从祀之列,位在两庑。如此一来,等于是子在父上。嘉靖帝因为出身的关系,又特别重视父子之伦,启圣祠就是为了解决这个矛盾的产物。雍正元年(1723),追封孔子以上五代王爵,并改启圣祠为崇圣祠,这些祖先的牌位也都设于崇圣祠中。

俞樾说,《论语》称孔子以兄子妻南容,《孔子家语》又有孔子兄子为孔忠的记载,孔忠就是孟皮的儿子。如今孔子以上五代祖先、儿子孔鲤、孙子子思都在孔庙,甚至侄子孔忠也已从祀,孟皮虽然言行无可考,但既然是孔子之兄,似乎不能无祀。

其实孟皮的言行也不是完全无可考。《孔子家语》说叔梁纥无子,与妾生了一个儿子孟皮,又有足疾,这才求婚于颜氏,生了孔子。礼部覆奏除了罗列这些记载之外,也提不出不同意见。最终,孟皮入祀崇圣祠,位在东配颜无繇之上。

两项请求都得到允准,俞樾自然最为欣喜。尤其是孟皮,因为俞樾的父亲俞鸿渐写过四首咏古诗,其中第二首就是《为孟皮未与配享而作》,俞樾觉得自己完成了先人的心愿,心情十分满足。

《春在堂诗集》中有一首《樾于去年十一月疏请以郑公孙侨从祀文庙并以孟皮配享崇圣祠诏下部议从之兹因檄行所属府州并系以诗》:

> 驱车过溱洧,有怀东里贤。惟郑介两大,玉帛难周旋。
> 治外先治内,要使根本坚。宽猛适相济,火烈何伤焉。
> 孔子昔至郑,事之如兄虔。流涕哀其死,遗爱今犹传。

> 固与薳大夫，圣意同拳拳。并许为君子，其道夫何偏。
> 今观东西庑，春秋陈豆笾。有薳无公孙，祀典犹未全。
> 使者敬入告，廷议金曰然。诏增从祀位，位在林放前。
> 东庑瑗居首，西庑侨为先。俎豆从此定，万古无能迁。

以诗而论，只是铺叙事实，无大可取。他甚至还作了两首颂：

> 英英子产，君子之风。兄事勿替，尼父所钦。宜祀于庑，以尊孔心。扶彼薳氏，为圣作朋。
> 孟皮弱足，不良能行。有闻必先，实惟圣兄。所求未能，圣心悲伤。配食先代，祀事孔明。

"孔明"即"大明"之意。作颂的动机，他提到汉代乙瑛刻石勒名的故事，那么这两首颂可能也是刻在石碑上的。除了作诗、作颂，俞樾还写了一篇《征恭纪子产从祀孟皮配享诗文启》，希望河南士大夫也一同吟诗作文，纪念此事。这是他在河南学政任上最大的成绩。

公孙侨、孟皮入祀孔庙后不久，俞樾因为御史曹登庸弹劾他"试题割裂经义"而罢去学政之任，从此不再出仕。一番流离之后，他想起还有一些人应该送入孔庙，写下一篇《文庙祀典议》，是《宾萌集》中的重要作品。

俞樾认为还应该从祀的，一是汉代的《诗经》学者大毛公毛亨,二是《说文解字》的作者许慎。很快,这两个人就成功从祀了。

陆秀夫

咸丰九年(1859),江苏巡抚赵德辙、江苏学政李联琇请求将宋末忠臣陆秀夫从祀孔庙。

陆秀夫(1238—1279),字君实,楚州盐城人(今属江苏建湖)。崖山之战宋军战败,陆秀夫背负幼帝投海自尽,是南宋覆亡的标志性事件。

此次请祀,如果只根据宫廷档案或政书,只能看到江苏请祀、礼部议覆两个环节。不过,上海图书馆藏光绪十年(1884)本《盐城陆氏宗谱》卷二中保留了整个从祀的文书流程,《历史档案》2022年第1期《明清崇祀陆秀夫史料选编》搜集了更多相关资料,我们可以看到自下而上的请祀过程。

据《盐城陆氏宗谱》所收请祀呈文,节略文书流程如下:

> 淮安府绅士知府衔前四川蓬州知州进士高士魁,员外郎衔候补主事举人王玙,光禄寺署正衔前怀远县教谕许联甲,国子监学正衔副贡生韦塘,学正衔拔贡生王琛、丁一鹏,即选知县丁昀,候选知县优贡生丁寿征,试用训导何□,候选训导徐德怀、施德明、丁寿辰,廪生杨庆之、

潘亮熙,文生何其杰、丁禧纯等,窃淮安郡城有陆忠烈之祠,祔徐节孝之祭,祀典未极其褒崇,风教奚资夫激励……除由盐城绅士造具事册公呈申送外,理合公吁,移详核明题奉从祀圣庙,追配文山。表忠贤之宰相,褒理学之名臣,以励真儒,以崇正道。

盐城县绅士廪贡生试用训导金旭昌,岁贡生张醰,廪生陶骧、凌云衢、李淳、吴兆骏、宋惟新、王会儒、金从衡,廪贡生试用训导陶跃龙,文生周潢、宋惟康等呈称,恭惟圣朝重道崇儒,孔庙祀典增设诸葛忠武诸贤,又增文丞相从祀,凡以褒显忠臣,风励士品也……移详奏题,以光学校。计呈事实十则……

淮安府教授蒋锡宝、训导朱沅、盐城县教谕吴自征会看得,宋儒忠烈陆公秀夫节义,具详正史,理学尤得真传……理合造具事实清册,备文移送,联衔加看通详。

该补用直隶州署山阳县知县顾思尧、盐城县知县裘辅会看得,宋儒忠烈陆公秀夫……兹准造具事实清[册]移送前来,理合加看,详请该转。

该道衔淮安府知府恒廉(该)[核]看得,宋儒忠烈陆公秀夫……合配美富之宫墙,永享馨香之俎豆。除行山、盐二县取具各结,到日另行送转,合将送到事实清册加看,具文转详。

该署江宁布政使梁佐中会同江苏布政使、江苏按察使核看得,宋儒忠烈陆公秀夫……允宜追踪信国,从祀黉官。合将送到事实清册，具文转详江苏巡抚会同两江总督、江苏学政恭疏题。

接下来才是江苏巡抚、江苏学政联衔上奏，礼部议覆。据此可以画出此次请祀的流程图：

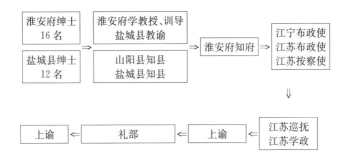

这次请祀，究竟是盐城县绅士的自发行动，还是由陆氏宗族所发起，在这些文书中没有反映。不过，《盐城陆氏宗谱》对请祀流程的详实记录，佐证了他们不可能置身事外。

明清两代对陆秀夫的崇祀行动首先起于陆秀夫殉难之地广东。明正统六年（1441）广东按察司金事彭琉疏请在崖山为陆秀夫立庙，成化十一年（1475）广东按察司、带管分巡岭西道金事陶鲁疏请为张世杰、陆秀夫在崖山建大忠祠，嘉靖二十年（1541）云南曲靖军民府致仕知府、广州府顺德县人赵善鸣呈请修复大忠祠，这都是广东官府、士绅发起的陆秀夫崇拜。

万历年间，广东南海人庞尚鸿出任盐城县儒学训导。南海县距陆秀夫殉难之地崖山不远,他又在陆秀夫出生地盐城做官,这种巧合让他自觉对陆秀夫负有使命。万历二十年(1592),他详文到盐城知县、淮安知府,一要向朝廷请谥,二要扩建祠堂,三要查录陆氏子孙,主持常祀。自此,陆秀夫崇祀的动力源从广东移到了盐城。

请谥事,到万历四十四年(1616)方才由盐城县正式提出,又以陆氏后人的名义提交到礼部,再咨送漕运总督得到支持,方才成功,陆秀夫得谥"忠烈"。

从祀孔庙使陆秀夫的声望达到顶点,如同建祠、请谥,也一样出自地方或家族的推动。连江苏奏疏和礼部覆奏所举出的理由,也没有出盐城县、淮安府绅士们呈文的范围,除了说陆秀夫如何杀身成仁,就是说他于军旅中进讲《大学章句》,以及曾作《孝经刊误》等。

咸丰八年十二月初七日(1859年1月11日),上谕称陆秀夫"精研理学,品谊端纯,立朝后事君尽礼。虽当军旅之时,犹日书《大学章句》进讲。及其成仁取义,大节凛然,亮节孤忠,光昭史册",准予从祀,位在文天祥之次。

曹 端

同样是在咸丰九年(1859),河南巡抚瑛棨疏请明儒曹端从祀孔庙。

曹端(1376—1434),字正夫,河南渑池人。明代前期理学家,著有《太极图说述解》《通书述解》《西铭述解》等书,《明史·儒林传》称为"明初理学之冠"。

在晚清从祀孔庙的诸儒中,曹端属于为数不多的"纯正的"理学家。他先后出任山西霍州和蒲州学正,一做就是二十多年,一生没有更多政治作为。瑛棨的奏疏引用《明史》等文献,称曹端诋排佛老、阐扬性理,明代理学家已经从祀的有薛瑄、胡居仁,而曹端开其先路,因此应予从祀。

礼部覆奏除了继续引述《明史·儒林传》、并罗列出更多的曹端著作之外,没有其他内容。然而咸丰十年闰三月十三日(1860年5月3日),这份覆奏到了咸丰帝手中,却得到这样的朱批:

> 大学士、军机大臣另行妥议具奏,并酌定以后从祀章程,不可漫无限制。若定例原有专条,即不必酌定章程,遵例行,不准援案。

皇帝对于从祀的泛滥已经感到不耐烦。也难怪,道光一朝从祀八位,咸丰朝至今已从祀五位,而且名臣的比重还超过大儒。

大学士等的覆奏首先赞成曹端从祀,位在东庑胡居仁之上。接下来说,"从祀章程,例无明条",但近些年经常将"忠臣义士、循吏名臣"从祀,其实这些人要么已入昭忠祠,要么已入乡贤祠、名宦祠,像李纲、文天祥甚至已经配享历代帝王庙,尊荣也够了。

> 惟从祀文庙,应以阐明圣学、传授道统为断。应请嗣后除著书立说、羽翼经传、真能实践躬行者,准各该省督抚胪列事实奏请从祀外,其余忠义激烈者即入祀昭忠祠,言行端方者入祀乡贤祠,以道事君、泽及民庶者入祀名宦祠,概不得滥请从祀文庙。其名臣贤辅已经配享历代帝王庙者,亦毋庸再请从祀文庙,以示区别。

覆奏还建议改变从祀的流程。以前,皇帝把请祀的奏疏批给礼部,礼部提出意见,再由皇帝批准,礼部拥有相当的决定权。覆奏则建议,以后有应该从祀的先儒先贤,应由"该督抚会同学政详加考覆,奏明请旨",并提供相应资料,然后再由皇帝"饬下大学士、九卿、国子监会同礼部议奏",礼部在从祀事务上的权力被大大削夺,九卿、国子监也拥有了发言权,最终则由大学士来主导。

咸丰帝同意了这个办法。"著书立说、羽翼经传"成为进入孔庙的首要标准,从祀重新回到学问的轨道上来。更重要的是,咸丰帝传达了一种信息,即孔庙从祀要收紧。

咸丰十一年(1861),浙江巡抚王有龄提请宋儒黄震从祀,礼部议驳,理由是黄震已经入祀本地名贤祠,而且本朝还设有奉祀生一名(奉祀生是从先贤子孙中挑选出来专门负责祭祀的,也算生员的一种,等于不用考试就可以获得秀才的待遇),春秋致祭,就不必从祀孔庙了。

同治元年(1862),顺天学政杨式谷奏请元儒刘因从祀,礼部议驳,理由有三:元代、明代都有人请祀刘因,都被驳回;在刘因本籍容城已有专祠;刘因并无"羽翼圣经、躬行事实"可查,所著之书"均于经籍无所笺注"。

同一年,河南巡抚严树森奏请将明臣吕维祺从祀,礼部议驳,根据是《四库全书总目提要》对他颇有贬辞,而且已经从祀名宦祠、乡贤祠,无须再从祀孔庙。

连续驳回三位,礼部算是明确了态度,后面大学士、九卿、国子监议奏等程序也不用走了。

"从祀章程"的编订显示出朝廷对从祀泛滥的担忧和整顿。新的规定取消了"忠义激烈""言行端方""以道事君"者从祀孔庙的资格,这实际上是对频繁从祀名臣的纠正,试图恢复孔庙作为"道统"与"学统"承载者的本来功能。同时,朝廷还指明从祀请求应由各省督抚提出,将其纳入行政轨道,也会大大减少提请从祀的数量。不过,从祀标准还是在"著书立说、羽翼经传"之外,特别加上了"躬行实践"一条,道光九年(1829)谕旨的精神得以固定。

毛亨、吕枏

同治二年(1863)二月,江南道监察御史刘庆上奏,请求朝廷补祀、从祀、复祀若干先儒。

刘庆（1825—1869），字伯众，江西南丰人，咸丰十一年（1861）起任监察御史，其余生平不详。刘庆说，历代从祀，多系诂经、讲学两途，本朝放宽标准，"能辅翼圣经、扶持名教、有关学术人心者皆在从祀之列"，因此他提出三个名单：早应从祀、但是前代漏祀的，是鲁人毛亨、河间颜芝；新提出从祀请求的，是明臣吕柟、杨继盛；曾经入祀、但是后来被罢祀、应该予以恢复的，是汉儒刘向、郑众、卢植。最终的结果是，毛亨、吕柟入祀，其他人被否决。

（一）毛亨

毛亨是秦汉之际研究《诗经》的学者。刘庆说，毛亨作《诗训诂传》，传给赵人毛苌，毛诗传习至今，时人以毛亨为大毛公、毛苌为小毛公。但毛苌久已从祀，毛亨却未能进入孔庙。

礼部的覆奏首先引用《四库全书总目提要》关于《毛诗正义》的考证。馆臣认为，所谓"毛诗"，一般都说是毛苌所传之《诗经》，但《汉书·艺文志》只说了"毛公"，没记名字，《后汉书·儒林传》才说是"毛长"，也不是"苌"，直到《隋书·经籍志》才明确说"《毛诗》二十卷，汉河间太守毛苌传，郑氏笺"，毛诗和毛苌的关系才固定下来。其实，郑玄《诗谱》已经说了"鲁人大毛公为训诂，传于其家，河间献王得而献之，以小毛公为博士"，陆玑《毛诗草木虫鱼疏》也说"孔子删《诗》授卜商，商为之序……荀卿授鲁国毛亨，毛亨作《训诂传》以授赵国毛苌。时人谓亨为大毛公，苌为小毛公"。因此，《四库全书总目提要》的结论是："今参稽众说,定作《传》(即《毛诗故训传》)者为毛亨"。既然有如此强硬的根据,礼部也就准其从祀,位在东庑伏胜之下。

关于毛亨的从祀,《两浙輶轩续录》卷三十二记载了另外一段往事:

> 时枢,字慎子,号森岩,又号秋鹤,平湖廪贡,官余杭训导,祀乡贤。著《秋鹤诗钞》。枢穷年力学,期通经致用,尝以汉儒毛氏亨有功诗教,上书大府,奏请从祀,格于吏议。同治癸亥,奉旨以毛亨从祀,而枢持论在先,世无知者。

时枢生卒年未详,大约主要活动在道咸年间。他之请祀毛亨,史料中找不到其他证据,姑且存疑。

(二)吕柟

吕柟(1479—1542),字大栋,又字仲木,号泾野,陕西高陵人(今属陕西西安),官至南京礼部右侍郎,著有《周易说翼》《尚书说要》《毛诗说序》《礼问内外篇》等书。

刘庆请祀吕柟的理由,是说他受业于明儒薛瑄,《明史》本传将他与罗钦顺并称,而罗钦顺已经在雍正年间从祀两庑,不应遗漏吕柟。

礼部对此也没有意见。覆奏还引用《钦定明史》吕柟本传的评论,"时天下言学者不归王守仁则归湛若水,独守程朱不变者,惟柟与钦顺",吕柟自然也该享受罗钦顺的待遇。最终,吕柟入祀孔庙西庑,位在蔡清之次。

（三）颜芝

颜芝是周秦之际的儒者,刘庆说他在秦始皇焚书之时收藏了《孝经》,汉初,颜芝之子颜贞献出,共十八章,刘向以颜本与古文相校,最终以十八章为定。《孝经》之传,要归功于颜芝,与伏生传《尚书》可相比拟。

礼部覆奏说,《钦定孝经衍义》引用了邢昺《孝经正义》关于颜芝藏《孝经》的记载,但颜芝之名仅见于此。颜真卿《颜氏家庙碑》倒也记载了秦时有颜芝,却没有事迹。相比而言,伏生的事迹就比较清楚、肯定,颜芝无法与之相提并论,因此予以驳回。

（四）杨继盛

杨继盛(1516—1555),字仲芳,号椒山,直隶容城县（今属河北容城县）人,明嘉靖三十二年(1553)上《请诛贼臣疏》弹劾严嵩,因而被害。杨继盛在狱中受刑极为惨烈,是明朝最为著名的忠臣、谏臣之一。

刘庆给他寻找的从祀标准是"扶持名教",对标的则是文天祥。礼部对杨继盛的事迹并无异议,但他们从《钦定四库简明目录》里找到一句话:"继盛忠烈之士,不以诗文著,亦不必藉诗文传",这说明"杨继盛并不以著书立说、羽翼圣经见长",而且故乡容城有杨继盛的专祠、省城保定旌忠祠中也有他的灵位,正符合从祀章程中"忠义激烈者入昭忠祠"之例,不必从祀孔庙。

（五）刘向、郑众、卢植

这三位汉儒都是在嘉靖九年（1530）被移出孔庙的，刘向是罢祀，"处分"较为严重，郑众、卢植改祀于乡，罪轻一等。刘庆找出三位先儒的亮点：刘向校书，居功甚伟，尤其是所著《洪范五行传》，"意在儆戒时君敬天恤民，实出忠爱之诚"；郑众除了经学著述多为郑玄所引用，还"居官清正，亮节炳著，德业、品望可师"；卢植师从马融，师生二人所传《礼记》四十九篇，就是郑玄所注的版本，他还因不屈于董卓而被史书称为"岁寒松柏"，不但是经师，而且是人师。

对于他们，礼部最易措辞，因为在雍正二年（1724），皇帝就已经否决过一次郑众、卢植等人的复祀请求。改祀于乡的尚且遭到否决，何况罢祀的刘向。礼部只概述了一下这次的经过，三儒回归孔庙的希望就破灭了。

以上说辞，均见于《文庙祀典考》卷五十。无论是提出呈请的刘庆，还是给出回复的礼部，双方的论证都相当规范。刘庆总是在叙述完先儒的成就之后，自觉将其对应进某种从祀标准中，同时提出一位已经得以从祀的先儒作为比对，礼部则全部引用钦定书籍的论赞，以为取舍的最高根据。这种常规的文书往来实在乏味，却也表明"从祀章程"及行政流程的有效。

也有人对结果不满，连带对从祀章程也提出质疑。御史刘毓楠就上疏说，"祔祀两庑新章尚未允协"，缺陷在于"过严",将导致士人觉得圣贤高不可攀,"必至人心风俗日流于奇邪异端而不及觉",请求饬大学士、军机大臣再行核议。对这种说法,上谕讽刺道:"推该御史之意,必将举古人之聚徒讲学、著有性理之书者悉登诸两庑之列,方足以资兴起,而德行之儒平日躬行实践,师法圣贤,实为身后从祀之计,议论殊属迂谬。"同治初年,两宫垂帘,这道上谕应出自御前文臣之手。

方孝孺

同治二年(1863)四月,给事中王宪成奏请将明臣方孝孺从祀孔庙。

方孝孺(1357—1402),字希直,又字希古,因在明初靖难之役中惨烈被害而成为持续被讨论的历史人物。早在康熙六年(1667),已经有过一次将方孝孺从祀孔庙的尝试。《魏贞庵先生年谱》丁未年条载:

> 有科臣柯耸上疏,请以方孝孺从祀孔子庙廷,大学士班公极言孝孺之误国,欲公拟旨斥孝孺,公力以为不可,曰:"孝孺,夷齐一流人也。"竟不从。

魏贞庵即魏裔介(1616—1686),清初名臣,官至太子太保、保和殿大学士。"大学士班公"即班布尔善,出身宗室,时任内秘书院大学士,依附于鳌拜。方孝孺究竟是"夷齐"还是"误国"的争论,自从他死后就一直未曾停歇,这里不能展开,不过魏裔介和班布尔善一汉一满、一文士一皇族,他们对方孝孺的不同看法倒也符合各自的身份。

王宪成的奏疏引用了黄宗羲对方孝孺的评价:"致命遂志,得中庸之道,与激烈殉节者不同",这句话并非黄宗羲原句,应是概括《明儒学案》中方孝孺小传的论旨。不过黄宗羲那段话主要是痛斥明成祖天性刻薄,王宪成就没有展开了。

更强劲的依据还得来自本朝皇帝。乾隆帝《御批通鉴辑览》对方孝孺颇有正面评价,还说"正未可以其谋事之不成而概加吹求",王宪成就引在奏疏之内,至于乾隆四十一年(1776)为靖难殉节诸臣议谥时皇帝所说"方孝孺识见迂阔,未足以辅助少主"当然就不便引用了。

从祀章程确定以后,学问成了最重要的依据。王宪成描述了"朱熹—黄榦—何基—王柏—金履祥—许谦—宋濂—方孝孺"的理学谱系,这其中除宋濂外,其余均已进入孔庙,方孝孺也完全有资格从祀。

礼部覆奏大段引用了黄宗羲《明儒学案》的原文,还专门提出《明儒学案·师说》将方孝孺列为明朝诸儒之首,并认为应予从祀孔庙,足见方孝孺的学术经纶久有定论。最终,方孝孺得以入祀——但是具体次序要等等再说,因为王宪成在奏疏后面附片另奏,请求厘定孔庙祀位次序。

王宪成说,现在各地孔庙两庑的先贤先儒牌位顺序很多都是乱的,在有些地方,神牌都不齐,较晚从祀者的神牌还没做,要请礼部把从祀的顺序画成图,颁发到各地,该调整的调整,该补齐的补齐。

孔庙两庑神牌的顺序,历史上有过数次调整,琐碎无关宏旨,不赘引。此次定议,以出生年岁为序,东西两庑交替排列。如果后续再有增入,就只就东庑或西庑之内按序插入,不再调整全部次序。

礼部虽然同意方孝孺的从祀,却也担心方孝孺"忠臣烈士"的身份打破了从祀章程,引发后来者效仿。在给皇帝的奏疏中,礼部在历数本朝从祀先儒数量之后,特意作了一项声明:

> 凡传经传道,与夫经纶卓越之儒,已为大备。

这不啻是说,孔庙两庑的名额差不多已经用完了,以后大家尽量不要再打这个主意。

怎么避免从祀泛滥呢?礼部规定了请祀要提交的材料细节,除了其人生平、著述、事迹之外,还要查清"钦定书籍中引用若干条、论赞若干条,先儒书籍中引用若干条、论赞若干条",一并造册报部。在孔庙的语境中,"先儒"特指从祀孔庙的儒家学者。用今天的术语来说,礼部要求提请从祀时要提供该人选的影响因子,具体来说包括两部分,一是领导人的评价(当然得是正面评价),二是同行引用(当然最好是已经拥有所申请头衔的同行)。

这个规定也固定下来,以后的请祀确实照此办理了。同治四年(1865),江西巡抚刘坤一奏请将宋臣杨万里从祀孔庙,礼部就以材料不全为由将其驳回。待江西将杨万里的著作等咨送到部以后,礼部的意见还是"其于讲明圣学、传授道统似尚嫌不足",予以驳回。不过,地方呈请从祀的活动又开始活跃起来。

袁 燮

同治六年(1868)十二月,浙江巡抚马新贻奏请将宋儒袁燮从祀孔庙。

袁燮(1144—1224),字和叔,庆元府鄞县(今属浙江宁波)人,陆九渊弟子。马新贻的奏疏着重提出,乾隆帝曾在袁燮《毛诗经筵讲义》《絜斋集》卷首题诗,"极其褒美",因此有资格从祀孔庙。

陆九渊于嘉靖九年(1530)从祀孔庙。朱陆相比较,不仅朱熹高居配享、陆九渊屈居西庑,朱熹的弟子、再传弟子也纷纷入祀孔庙,而陆九渊的弟子中,袁燮是第一位被提请从祀的。

礼部覆奏首先引用了《四库全书总目提要》的评价,于《絜斋家塾书钞》则曰"颇能畅其师说,而于帝王治迹,尤参酌古今,一一标举其要领",于《絜斋毛诗经筵讲义》则曰"其为崇政殿说书时撰进之本……议论和平,颇得风人本旨。于振兴恢复之事,尤再三致意。如论《式微》篇,则极称太王、句践转弱为强,而贬黎侯无奋发之心。论《扬之水》篇,则谓平王柔弱为可怜。论《黍离》篇,则直以汴京宗庙宫阙为言,皆深有合于献纳之义"等等。

覆查《提要》原书,确实对袁燮著作有赞无弹,不吝赞美,明显不是四库馆臣的风格。为什么会出现这种异常?根本原因还在于,乾隆帝的御制诗早已对袁燮作出了充分肯定,四库馆臣自然不敢吹毛求疵。

但有趣的是,礼部覆奏只说乾隆帝有诗,却没有一句引用。查乾隆帝《御制题袁燮〈絜斋集〉六韵》:

> 学为君子儒,体用亦相符。
>
> 性悟虽宗陆,身名未异朱。(燮师事陆九渊,得其指授,具有原本,又少以名节自期,立朝屡进说言,所至政绩皆可纪,在南宋诸儒中可谓学有体用者,具详《宋史本传》。)
>
> 边情言颇悉,民务政多殊。(集中札子几及三十首,其料敌论边,深得要领,而陈民务、述治要,亦切实可见施行。向惟散见《永乐大典》中,今为裒辑,得廿四卷,虽未必能尽还原书之旧,亦可存十之六七,因命刊刻,以广流传。)
>
> 大典昔割玉,裒编今合珠。

　　虚车祛藻绘，实地有功夫。

　　传世因在此，诗文余事乎。

　　四库修书时，袁燮作品已经散佚，四库馆臣从《永乐大典》中辑出，方得重现世间。这是乾隆帝引为自傲的文化政绩，自我表扬及于原书也在情理之中。但更重要的原因体现在另外一首《御题袁燮〈絜斋家塾书钞〉》中：

　　议论持醇正，兴亡鉴古今。

　　致危惟戒逸，胜怠莫如钦。

　　惜未联全璧，幸仍拣碎金。

　　流斯失法度，先已获予心。（袁燮解《书·大禹谟》"儆戒无虞罔失法度"节，言"人君岂能无安逸欢乐之时，苟不至于过，则亦不害其为法度，流而不返，便是失法度"云云。余昔游巡，所至一览即过，不肯因此稍稽庶政，是以尹继善有"驰驿游山"之语。余诗中每见此意，今观燮解与前指适相吻合，余昔未见是书，其言实先得我心耳。）

　　如前引《四库提要》所展现的，乾隆君臣认为袁燮作品的最大价值在于他对帝王的进言。四库修书开始时，乾隆帝已经三次南巡，朝野早有微词，这时在袁燮书中看到"人君岂能无安逸欢乐之时"的话，不禁龙心大悦。他对袁燮的好感，主要就来自这里,而礼部的覆奏只说乾隆题诗、并不说诗里写了什么,恐怕也是在为尊者讳。

总而言之,在乾隆御制诗的加持下,袁燮顺利入祀孔庙,位在西庑吕祖谦之次,成为陆九渊弟子中唯一进入孔庙的幸运儿。

事后,鄞县士绅陈仅编成《宋儒袁正献公从祀录》六卷,后附于四明袁氏进堂本《絜斋集》刊刻行世。《从祀录》收录的公文自《鄞县绅士呈词》起,包含鄞县、宁波府、浙江各级官府的详文,及奏折、事实清册、引用论赞、传状等完整流程文档。据此可知,从祀袁燮的呈请最早由本地士绅陈仅等二十七人提出,原初推动力仍在地方社会。

张履祥

同治九年(1870),浙江学政徐树铭会同浙江巡抚杨昌濬奏请清儒张履祥从祀孔庙。

张履祥(1611—1674),字考夫,号杨园,浙江桐乡人。张履祥是刘宗周的弟子,但他的思想风格更接近程朱一系,对阳明学颇有非议。张履祥一生僻处一乡,以耕读、课徒为业,声名不出里巷,即便在刘宗周的弟子中也是默默无闻的一位,这一点与名满天下的同门黄宗羲截然不同。

张履祥的名气,要到乾隆年间《杨园全集》刊刻之后才慢慢大起来。时任浙江学政雷鋐先后为这部书的初刊本和重刊本作序,还为张履祥作传,是张履祥进入官方视野的标志性事件。

此后,地方官绅陆续建起张履祥的专祠或合祠,道光四年浙江巡抚更奏请将他送入乡贤祠。不过,此时的张履祥也只是"乡贤"而已。

同治三年(1864)二月,清军从太平天国手中收复嘉兴、杭州。四月,许瑶光(1817—1881)调任嘉兴知府,着手恢复地方元气。到任之后,他很快集资在嘉兴府学东复建了鸳湖书院,并供奉陆贽、陆陇其、张履祥三位嘉兴先贤神位于其中,还请闽浙总督左宗棠写了"景行维贤"的匾额挂在讲堂大门。许瑶光所撰《鸳湖书院记》记下了他和左宗棠的一段对话:

> 十月,官保左督师由浙将入闽,瑶送之钱江。临行,谓瑶曰:"我朝浙西人文,以陆清献、张杨园为最,皆嘉兴人也。清献于雍正初祀东庑,未祀以前,郡守吴永芳为创鸳湖书院,奉清献栗主于敦宿斋楼,置义田、缮脩脯以课士,清献之风可以楷模后进矣。惟杨园与清献同时,学问笃实纯粹,远绍闽洛,近淑山阴,惜未从祀孔庙,盖其迹隐而其书未盛行也。余既饬修其墓暨务本堂于桐乡炉镇矣,汝曷思以表彰之?"

左宗棠在浙江对抗太平军,战事甫定就为张履祥修墓,亲题"大儒杨园张先生墓碑"。离开浙江时他还专门交代嘉兴知府，令其表彰，以为将来从祀张本。

许瑶光回应说，现在从祀限制比较严格，直接呈请，未必能准，但书院在地方官的权限范围，大家集资重修，再把张履祥的神位放进去，也是一种表彰。至于从祀孔庙当然是很大的光荣，但是本地先贤以陆贽为最，他确实已经入祀两庑，天下的孔庙都有他的神位，然而"于配祀中瞻其名位，则尊敬之心多，而亲企之心或转淡，是推而崇之为天下所共戴，不如引而近之为乡里所艳称，而观感兴起之获益弥多也"。所以趁着这次修书院，把陆贽的牌位也放在里面，以增加亲近之感。

许瑶光的这段话可能是一种语言上的艺术，不过他也揭示出孔庙祀典的内在张力，即先儒从祀孔庙之后，尊荣虽然增加，与地方社会的关系却可能反而疏远，而对于刚从战乱中复苏的嘉兴而言，先儒的感召是极为宝贵的文化资源。

据光绪《桐乡县志》卷十三所载请祀经过，左宗棠授意杭州士绅丁丙（1832—1899）筹办此事。丁丙与桐乡人陆以铦商定，请顾广誉撰述张履祥生平事实十二条（即从祀所需提供之事实清册），又命丁丙的弟子严辰撰写公呈。这时左宗棠由浙江巡抚升任闽浙总督，要去广东督师，没有来得及上奏。不过县志说，乾隆间浙江学政雷鋐、道光间安徽学政沈维鐈都想要奏请张履祥从祀，现在左宗棠想要奏请，也没有下文，县志编者的判断是："揣三公之所以迟回审慎者，实虑遭部驳，而一驳不能再请也"，主要还是担心能否成功。

这份呈文保留在县志中。列名者包括陆以铦、沈祖懋、章鋆、严辰、顾广誉、蒋光煦、丁丙等十六人，籍贯不限于桐乡或嘉兴，因此名义是"浙省绅士"。

除了不可或缺的对张履祥学术人品的描述之外，呈文重点强调了张履祥身份低微：本朝从祀孔庙已有两人，即陆陇其、汤斌，但陆陇其官至御史，汤斌官至巡抚，都有机会施展所学，张履祥一生只是布衣，"德行学业之艰苦卓绝，实无愧为理学真儒"。如果得以从祀，那等于是宣告天下"一介儒生暗修尔室，生虽未沾一命之荣，而数百年后尚得仰邀旷典，俎豆千秋，则草野之间抱负非常而为有司所遗者皆将不攻乎异端而惟潜修是尚"。一句话，从祀张履祥将会精准激励那些没有功名的普通读书人继续"潜修"。

这些人对于地方有什么用呢？呈文说：

> 方今粤逆倡乱至十数载，始伏天威，一旦扫荡，而人民荼毒已不堪言。推原其故，皆由乡无正人君子讲明正学、化导愚顽，而异端之教从而簧鼓，故民之稍有聪明才力者不安于凿井耕田而犯上作乱，至于此极。若得如杨园先生之安贫乐道、明圣教者以为表率，移风易俗，左券可操。

在呈文作者笔下，推动张履祥从祀实为战后地方重建的重要一环，用意在于对抗"异端之教"。当然，这里的异端指的是激荡起太平天国的基督宗教。

呈文后附"杨园先生从祀事实十二条",分别是学术之正、出处之严、孝思之笃、风义之敦、持躬之朴茂、怀抱之俊伟、内外之一致、始终之无间、居乡转移薄俗、为教力挽颓风、著撰皆有关系、贤哲共深景仰,每条都有具体事迹证明。从公文的角度看,无论呈文还是清册都堪称完美,不愧江南文教之乡。

同治九年,请祀的奏疏终于由浙江学政徐树铭会同浙江巡抚杨昌濬递上。呈文中所称"草野儒生"及"移风易俗"的话头,奏疏中全无提及,只是反复确认张履祥在道统中的位置,如何上接明儒薛瑄、胡居仁,如何下启陆陇其,如何固守洛闽之学等等,持论不越雷池一步。礼部主稿的覆奏同样在理学内部立论,除了增加了一些传记材料,大体上重复了浙江奏疏的说辞。

地方士人的呈文强调先儒对于社会秩序的意义,省级以上的奏疏却只顾塑造道统,这种差别殊堪玩味。或许,浙江与礼部奏疏的执笔者觉得这种理由不够"纯粹"、显得有些功利,但更可能的是,"地方性"没有资格成为朝廷施政的依据。

没有悬念,张履祥入祀孔庙东庑,位在孙奇逢之次。从祀成功以后,反应最热烈的还是地方。

光绪《桐乡县志》就是撰写"浙省绅士"公呈的严辰（1822—1893)所修。在序言中他特意强调修志是他个人的成果,与地方官府没有任何关系:"近来修志者必归美于县官,而辰则实以一人任之,已历县令李、胡、袁、龚、汪、曾、周七任之多,无可归美"。

这部《桐乡县志》专立"两庑先儒"一门,冠于《人物志》之首,以记述张履祥(以及后来从祀的辅广)的生平著述及从祀始末。除了相关奏疏、呈文、事实清册,县志还收录了张履祥的几篇重要文章,以示实至名归。县志对于张履祥从祀经过记载不厌其详,行文中甚至连徐树铭奏疏没有用呈文中内容而是另撰公牍的小细节都写了下来。

从祀成功的消息传来,桐乡士绅社会一片沸腾。当时代理知县的是丹徒戴枚,他与时任桐溪、立志两书院山长的严辰遍告本地士大夫及两书院诸生,于当年五月初七日齐集县城,由桐溪书院恭奉神主送至孔庙,众人公送。他们在孔庙大成门左侧设置了小几,安置神主面北朝拜孔子神位,官绅代为行礼,然后才供奉东庑。

参与这次仪式的地方精英达八十人之多,绝对是文教盛事。以一介寒儒而在身后登圣人之堂,行拜谒之礼,很难想象有比这更光荣的时刻了。地方力量的推动、仪式的展示在其中都起了关键性作用。

张履祥从祀引起的反响相当广泛。在同治十年至光绪六年(1871—1880)担任河北枣强知县的方宗诚(1818—1888)接到张履祥从祀的消息,觉得地方孔庙缺乏入祀先儒的相应仪节,于是决定制礼作乐:

先贤先儒奉旨从祀文庙,故事,知县奉文后移知儒学官而已。学官令工制木主,不论何日送入两庑,甚有不躬亲安位,以致位次紊乱者,且有奉旨多年而未制主从祀者。宗诚在官时,念从祀文庙,大典也,州县当行何礼,例无明文,同治十一年,因奉文以先儒张履祥从祀东庑,窃以礼意通之。

先制神主,于明伦堂择日率同官绅致祭,读祝文,告以奉旨从祀月日,然后奉神主,由庙之东角门舁入大成殿阶下,官绅步从,以主北乡至圣先师孔子。知县率同官绅阶下行三跪九叩首礼,礼毕,诣先师前,跪读祝文,敬告以某月某日奉旨以先儒某从祀先师庙之东庑。祝毕,复下阶,然后奉先儒神主,安于东庑位次,退至阶下,复向东庑行两跪六叩首礼,礼毕乃退。其前奉旨从祀之先儒,未经奉主入庙者,皆用此礼补立之。且凡奉先儒从祀文庙,及乡贤名宦入祠,皆择县试或书院课试前一日出示,令士子皆随后行礼,以资观感,又钞各本传事实,俾之传诵,以资效法。

这套仪节比桐乡县的临时制礼又完善了许多。从张履祥这次开始,方宗诚会在每次有先儒被从祀孔庙之时,都给孔子和先儒各写一篇告文,张履祥之后从祀的陆世仪、许慎、刘德、张伯行、辅广诸人,都未有遗漏,这些告文均收入《柏堂集》后编卷十九。

不得不说,方宗诚的设计试图解决孔庙从祀制度激励士风的"最后一公里"问题,颇合创制本意,只是如他一般的地方官,实在凤毛麟角。至于枣强当地士风是否受到激励,那是另一层面的问题了。

也有对张履祥从祀不以为然的。文廷式《纯常子枝语》卷二有一条记录,说陈澧(1810—1882)对于张履祥从祀就大为不满:

> 闻张杨园从祀孔庙,师不怿曰:"杨园攻阳明,以为主张良知必至于弑父弑君。按明霍氏以食色穷良知之弊则可,以弑父弑君攻良知,试问阳明之良知果至此乎?立说如此而得从祀,将来两庑必有不容之患矣。"

他觉得张履祥批评阳明太过,立论太急,算不上一流的学问家。陈澧虽不喜陆王之学,不过他的学术态度比较调和,晚年尤甚,他有意见的大概是张履祥的激烈态度。学者的所思所想,与一般士绅社会还是不太一样。

陆世仪

在张履祥成功从祀孔庙的激励下,同治十三年(1874)三月,江苏太仓士绅呈请先儒陆世仪入祀两庑。

陆世仪(1611—1672),江苏太仓人,字道威,自号刚斋,晚号桴亭,著有《思辨录》等书。他与张履祥同岁,只比张履祥早去世两年,两人都曾从学于刘宗周,是完全意义的同时代人。也与张履祥一样,陆世仪终生未曾出仕,名声长期不出乡里,直到全祖望作《陆先生世仪传》,才逐渐为世人所知。

关于陆世仪从祀孔庙的经过,后人辑有《先儒陆子从祀文庙录》一卷,首刊于光绪三年(1877)江苏书局刻本《思辨录辑要》卷首。

《从祀录》首先收录的是太仓士绅的呈文。呈文列名以三品候选知府、前广西柳州府知府孙寿祺为首,官员、举人、生员共计七十一人,远超过张履祥从祀呈文列名人数,几乎达到出席张履祥神主入祀桐乡孔庙仪式者的规模。从官名来看,列名的官员基本上都是致仕官、候补官或学官,应属居乡士绅、而非现任官。

呈文称,陆世仪"其学以居敬穷理为本,而推极于体国经野",举凡天官、地理、礼乐、河渠以至用兵、行阵之法莫不精通,结论是"论者推为建州以来第一人",称得上是地方偶像。

在引用《四库总目》及汤斌等人的评价之后,呈文将陆世仪与陆陇其、张履祥相提并论:"本朝二百余年,海内真儒,咸推二陆先生暨张杨园先生履祥为正宗",三人中独陆世仪尚未从祀,因此请地方官转奏请祀。

呈文后附事实清册十五条,罗列其生平、著述、思想,其中四条关乎陆世仪的经世活动,如第九条述其有功于桑梓诸事、第十条述其为人作幕时的政绩、第十二条述其设计疏浚娄江方案等等。比较特殊的是第八条：

> 崇祯之初，天下已多故，公言今之所当学者，正不止六艺，如天文、地理、河渠、兵法之类，皆切于用世，不可不讲。俗儒不知内圣外王之学，徒高谈性命，无补于世，所以来迂拙之诮，于是诸凡实学，悉心讲贯，如横槊舞剑、弯弓弄刀之属，无不习也。尝纵论古今用兵得失，谓蔡西山、李筌、王慈湖辈诸图说，徒务饰观，惟戚继光鸳鸯阵法稍得古人遗意，故于诸家图说之后，各附论正，成《八阵发明》一书。凡坐而言者，必求可以起而行，此其一端也。

讲求兵学，是明末学人的风气，这当然与时代需求有关。进入清代，统治者对于文人谈兵相当忌讳，诸多兵书在乾隆四库修书时还成为禁书，例如明代兵书之集大成者《武备志》即在此时荣登禁书名录，险些失传。陆世仪谈兵不足怪，士绅呈文中直言不讳，应该是出于新的时代需要，觉得国家需求应已压过政治忌讳。

太仓州知州收到呈文以后，略加按语，呈交督、抚、学、藩、臬、巡诸宪。四月二十六日，江苏巡抚张树声即奏请陆世仪从祀，上距孙寿祺等递上呈文仅一月有余，动作不可谓不快。这份奏疏几乎完全略去陆世仪的经世作为，仅称其"当明季异学争鸣之日，坚苦深造，独辟榛芜，隐然以继往开来自任，生平愿学朱子，研之精而守之力"，乃是一位"反经卫道，阐明圣学"的正宗理学家。

五月十六日,内阁抄出张树声奏疏,令礼部议奏。礼部的行动却相当缓慢,加之年底同治帝去世、光绪帝即位,覆奏直到光绪元年二月十五日方才递上。不过这份覆奏也没有写出什么新东西,摭拾文句、略加点染而已,所描述的陆世仪亦不出"正宗理学家"之范围,很快"奉旨:依议"。

许 慎

光绪元年(1875),国子监司业汪鸣銮(1839—1907)疏请将汉儒许慎从祀孔庙。

汪鸣銮的奏折见于《皇朝续文献通考》卷九十八及《皇朝经世文续编》卷五十二。他举出四点理由:

第一,本朝《说文》之学大显,惠栋、朱筠、钱大昕、王念孙、段玉裁、戴震、孙星衍、严可均、阮元、桂馥诸家各有发明,这都是许慎的后学。《四库全书总目提要》对于《说文解字》也极为肯定,所谓"士生今日,而欲因文见道,舍是奚由"。而且有功于经典最大的郑玄也经常引用《说文解字》,郑玄已经于雍正二年(1724)复祀孔庙,许慎不应缺席。

第二,训诂之学的源头是《诗故训传》的作者毛氏,而"善承毛学者惟许慎"。现在《四库总目》已经定《诗故训传》的作者为毛亨,并且毛亨已经从祀孔庙,许慎也应比照毛亨,入祀两庑。

第三,汉人说经,喜欢掺杂谶纬,即便是大儒也有所不免(汪鸣銮虽未指名,但考据学者都清楚,这里说的就是郑玄),只有《说文解字》不杂谶纬,而且引用经典所用古文,古文旧说赖之而存,又在后世被广为引用。

第四,朱子《四书集注》引用《说文解字》甚多,而宋学之义理也必须通过训诂才能明了。例如,《说文解字》解"性""情"二字,主性善之说,就与孟子、董仲舒之言相表里。

汪鸣銮的奏议尽可能多地搜罗了各方面的支持,前代、本朝,汉学、宋学,尽在囊中。不过,以《说文》之学在清代中期的煊赫声势,"羽翼圣经"这四个字简直就是《说文解字》的专属,许慎从祀并未遇到任何阻力。光绪元年八月,许慎得以入祀东庑,位在后苍之次。

这年冬天,汪鸣銮在自己家里东偏盖了三间房子,挂的匾额写着"景许",又挂起许慎的画像,成了一个亦公亦私的许慎纪念堂。

汪鸣銮还请清流名臣张佩纶写了一篇《汉太尉南阁祭酒许君像赞》。张佩纶历数训诂之学衰而复兴的历史,感慨许慎对于清代学者之重要,然而竟然没有人提出过从祀的建议,真是"显晦之有时"了。

其实张佩纶错了。前面引用的俞樾不用说,更早的乾嘉名儒陈鳣(1753—1817)也已提出过从祀许慎的设想。

陈鳣字仲鱼,浙江海宁人,精于许、郑之学。陈鸿森《清代海宁学术丰碑——陈鳣其人其学述要》(《中国文化》第三十八期)考证认为,陈鱣在段玉裁注《说文解字》之前,已经在写作《说文解字正义》,而且段注颇有掩袭陈鱣之处。清代训诂学另一名著王念孙《广雅疏证》的写作,也晚于《说文解字正义》。因此,陈鱣是乾嘉时期最早全力从事《说文》学的学者,开一代风气之先。

朝鲜人柳得恭(1748—1807)曾到中国,他在《燕台再游录》中记下了纪晓岚的话:"近来风气趋《尔雅》《说文》一派,仲鱼盖其雄也。"他写了一首诗,专门揄扬陈鱣:

> 考古家分讲学家,迩来风气变中华。
> 《说文》《尔雅》休开口,陈仲鱼来诵不差。

柳得恭于1778年、1790年、1801年三次来到中国,《燕台再游录》记下的是1790年这次随团出使的见闻。这年是清乾隆五十五年,《说文》之学刚刚勃兴,陈鱣、段玉裁、王念孙正在活跃,柳得恭敏感地捕捉到了中华学术风气之变。

柳得恭与陈鱣初遇于北京琉璃厂,之后往来颇多。《燕台再游录》记下两人一段谈话,其中说到《说文解字》,连及顾炎武:

> 仲鱼曰:《说文长笺》谬说居多,亭林言之详矣。
> 余曰:顾先生亦有错处。
> 仲鱼曰:所论《说文》及石经最谬。

余曰：亭林不见秦中石本，只取书坊漏本为说。

仲鱼曰：其所见《说文》，乃五音韵谱，非真本也。其论《广韵》，亦非全本，东原言之颇详。东原先生是大通人。

余曰：然。亭林偶一见差耳。如此公者，古今几人。

仲鱼曰：佩服之至。

余曰：顾有子孙否？

答：无子，以从子为后，近亦不知其后人何如。曾欲作亭林年谱未成。

余曰：其书颇不见毁否？

答：不见毁。

余曰：恐有禁。

答：不禁。

余曰：如翁山（屈大均）、叔子（魏禧）辈，皆见禁否？

仲鱼曰：翁山最禁，叔子次之。

余曰：亭林书中，如崇祯过十七年以后，亦曰几年，此岂非可禁之字乎？

仲鱼曰：此等处不过奉旨改。

余曰：如改此等字，便无本色。

仲鱼曰：是则然矣。亭林《肇域志》，近欲商刻之。

余曰：乡人作书院，俎豆之乎？

仲鱼曰：将来必配食孔子庙庭。惟此公即属经济，所以谓之大儒。坐言起行。

双方语音不通,但都识汉字,交流以笔谈形式进行,所以语句都很简练,如同电报。虽然话未多说,却涉及《说文》学、禁书政策、顾炎武之评价等时代大问题。

在后来的《说文》学术史中,却很少有陈鳣的位置。《海宁州志稿》卷十四如此记载陈鳣之父陈璘:"尝欲为《说文解字》作疏,未竟。命其子鳣仲鱼续为之,稿本已得十九。仲鱼没,其子愚瞀,斥卖藏书,即折所录稿裹书以畀售者,此书遂飘散不可复问。"陈鳣一生心血,就此消散。

不过,陈鳣《简庄诗文钞》卷六保留了一篇《拟请汉儒许慎从祀议》,还能看出陈鳣对许慎及《说文》学的关注。陈鳣说,汉儒或通一经,或兼通他经,只有郑玄与许慎二人博通群经。"文字者,经义之本,王政之始",《说文解字》于"天地鬼神、山川草木、鸟兽蚰虫、杂物奇怪、王制礼仪、世间人事莫不毕载",许慎可称"经师之大统、圣门之功臣"。唐贞观时初定孔庙从祀,许慎不在其列,那是因为"唐人但知依经注为师",不懂得字书的重要性。

陈鳣还设想了两种反对意见。第一种是,郑玄曾经反驳过许慎的《五经异义》,对此陈鳣说,这不过是"儒者各行其说",其实郑玄引用许慎的更多,且不称许慎之名而称其字,足见尊重。另外,郑玄批评过的人还有很多,例如何休曾著《公羊墨守》《穀梁废疾》《左氏膏肓》,郑玄则作《发墨守》《起废疾》《针膏肓》三书以攻之,但并未影响何休从祀孔庙。

第二种是,认为《说文解字》不过是字书,"无关实学"。反驳这一条,正是乾嘉考据学的轻车熟路,无烦具引,陈鳣不但从学理上批评了这种看法,还说"《说文解字》一书具在,固人人之所肄业",每个人都要学习的学问入门书,怎么会无关实学呢?

这篇拟议作于嘉庆初年。许慎从祀孔庙,从陈鳣拟议到汪鸣銮的奏请,恰好见证了清代《说文》学热潮的一头一尾。学术新潮对于孔庙从祀的影响,在许慎身上最为典型。

以《说文解字》影响之大,许慎从祀孔庙在士林中的反响颇广。三十年后出版的《孽海花》第十一回,还提到这件事:

> 八瀛先生因为前几天钱唐卿在湖北上了一个封事,请许叔重从祀圣庙,已经部议准了。八瀛先生就想着何邵公也是一个汉朝大儒,邀着几个同志议论此事,顺便就在拱宸堂公祭一番,略伸敬仰的意思。

熟悉清末典故的学者早已指出,钱唐卿的原型就是汪鸣銮,潘八瀛的原型就是潘祖荫。何邵公即汉代公羊学大师何休。这一回的回目《潘尚书提倡公羊学 黎学士狂胪老鞑文》讲的是晚清最为时尚的公羊学和西北史地之学,再加上许慎代表的《说文》学,一下子就勾勒出一代学术的主要特征。

旧庙的逻辑

对晚清孔庙从祀历程的追溯表明,发起从祀首先是一项文书工作,从祀成功的前提是公文要写得漂亮。具体而言,第一是符合程序,从祀请求一般由地方士绅递上呈文,地方政府转呈,再由一省学政或巡抚正式奏请,这样最为名正言顺,再者由科道官在朝廷直接提起,也有不少成功的案例;第二是要件充足,请祀奏疏要附事实清册,除胪列生平、著述外,还要提供引用及论赞情况,这些引述又以钦定书籍及已经从祀孔庙先儒的言论最为权威;第三是找到合适的比照对象,一定要为请祀的先儒找到已经入祀的某位或某几位先儒作为参照,相当于其他行政事务中的先例。

推动从祀最常见的动力是地方竞争。发起从祀呈请的大部分是地方学政、督抚,而在大多数情况下,是更具体的县域士绅在推动地方官府的行动。这些士绅出于对本乡本土某位先儒的崇敬,感到有责任为乡贤争地位,乃至为尚未进入孔庙的乡贤鸣不平。有时是某位"好事者"的多年努力,有时是几位士绅的共同发起,由县而府,由府而省,最终上达天听。

在张履祥的例子中,是封疆大吏先有呈请从祀的意图,再授意地方士绅按次序提出呈请,令人怀疑其他从祀诸儒是不是也有类似情景,只不过文献不足无法确证。即便在这次请祀中,地方官府的意志也要通过士绅去触发请祀的程序,恰说明晚清孔庙从祀"自下而上"的特征。这与清代前期皇帝对于孔庙事务的直接干预形成明显对比。

孔庙从祀常被解释为朝廷在挥舞意识形态指挥棒。但在大多数情况下,与其说从祀某位或某类先儒是国家的有意作为,还不如说是地方士绅扩大本地文化影响的持续努力,只是为了目的的达成,有意利用了国家意识形态方面的特定需求而已。即便是在危亡时期得以从祀的古代名臣如文天祥、李纲、韩琦、陆秀夫等,也是由地方先提出,朝廷顺水推舟予以从祀的。

如果我们把孔庙看成古代国家意识形态的展示空间的话,那么很难说晚清国家对于意识形态有什么清晰的既定策略。我们看到的,只是根据具体情势而随时作出的调适,有时这种调适相当滞后,有时甚至处于左支右绌的尴尬境地。这主要是因为,推动先儒从祀主要对地方或特定学派有意义,朝廷缺乏在这一领域精心谋划的动力。

进入孔庙对于儒者的意义何在呢?

从祀的实质并不是对儒者思想贡献的承认,而是以既定的道统内涵来改造他们的思想面貌,也就是说,不是儒者丰富了孔庙,而是孔庙限定了儒者。特别是宋代以后的儒者,他们思想中符合"正统性"的那部分被强调出来,思路多歧的各家流派似乎变成了程朱一系理学的不同变种,就连明显因为政治作为而入祀孔庙的人,也一定会被加上一层理学的外衣。大多数人都不是以本来面目进入孔庙的——当然,孔子本人也包括在内。

不过,在孔庙中拥有一席之地也有好处,那就是为政治上比较敏感的儒者提供一层安全保护。例如,黄道周因抗清而死,在清代刊刻他的著作、编印他的年谱都要冒政治风险,但在他从祀孔庙之后,人们就可以将从祀的文件刊于卷首,作为一种安全声明。

然而,当时代的车轮继续向前,顾炎武、黄宗羲、王夫之三位"真正的"思想家被提上孔庙从祀日程的时候,一切都好像有点不一样了。

新神

顾、黄、王身后事

一、 顾、黄、王从祀是个政治事件

顾炎武(1613—1682),昆山人,字宁人,世称亭林先生;黄宗羲(1610—1695),余姚人,字太冲,世称梨洲先生;王夫之(1619—1692),衡阳人,字而农,世称船山先生。这三位,都是明末清初的大学问家,同时也是不与清廷合作的明代遗民。他们的学问不限于皓首穷经的记问传注之学,对重大的社会政治议题都有深刻而极具批判性的见解,因此成了很多人的偶像,也成了很多人的敌人。

但是,顾、黄、王三儒声势虽然显赫,特别是顾炎武、黄宗羲,生前就已经誉满天下,将他们送入孔庙的提请却相当之晚。

光绪二年(1876),署礼部左侍郎郭嵩焘提议从祀王夫之;光绪十年(1884),江西学政陈宝琛提议从祀顾炎武、黄宗羲;光绪十七年(1891),湖北学政孔祥霖再次提议从祀王夫之。三次提议均被驳回。

光绪三十三年(1907),御史赵启霖提议,将王夫之、黄宗羲、顾炎武从祀孔庙。经过激烈的辩论,次年九月一日,终于奉旨允准,延续了三十多年的三儒从祀之争以主从派的胜利而告结束,这三位最著名的明代遗民也在王朝时代即将结束的时候,被统治者送进了官方意识形态系统的最高神殿。今天,在曲阜和台北的孔庙中,都能在两庑看到三儒神位。

曲阜孔庙两庑(西德尼·甘博摄于 1917—1919 年)

这场争论几乎与光绪一朝相始终。无须列举在这三十多年里发生了多少重大的、改变国家命运的事件，也能想象孔庙这个本来高居国家礼乐系统最高等级的殿堂，在日甚一日的危局中日渐边缘化的处境。但是，却有这么多的人——上至最高统治者和枢臣，下至中下级京官乃至社会上的一般士人，其中既有政治立场倾向于维护现有体制的所谓"保守派"，也有主张渐进代议制改革的所谓"立宪派"，还有主张反满共和的所谓"革命派"，都曾参与到这场争论之中。

议礼古称聚讼，本来与礼制有关的讨论就非常容易引发争议，历代从祀孔庙的儒者，固然有些悄声无息就位列两庑，但也很有一些经历过极其复杂的讨论，比如王阳明；有些甚至还出现过反复，送进去又撤出来，比如王安石。但是，顾、黄、王三儒的从祀争论，已经远远超出了"议礼"的范畴。这是一个政治事件。

顾、黄、王三人都接受过南明小朝廷的官职，都参加过抗清的斗争，都终身未在清朝做官。乾隆时代的禁书里面，三人都有不少著作名列其中。即便经过禁毁、改窜，三人著作中政治态度之激烈，也很容易从字里行间捕捉到。黄宗羲、王夫之不必说，即以冷静考据而著称的顾炎武《日知录》，连编《日知录集释》的黄汝成都说它"偏激"。

何以在国家危亡之时，围绕从祀孔庙这一"不急之务"会有这么多的争论？同样的历史人物，如何被不同的政治势力当作"资源"，赋予不同的，乃至截然相反的意义？顾、黄、王当时正是在士人中间日渐成长的新兴偶像,官方的意识形态控制系统如何应对这些新神? 孔庙这样的传统意识形态工具如何被赋予新的时代内涵,这种新的内涵又如何作用于工具本身? 像王夫之这样,主要由湖南地方人士所推动的地方文化象征,如何通过权力运作而成为普遍的思想资源?

二、 儒家祠祀系统

中国式政治文化的本能,是一切归结到"人"。躬逢盛世,那是天子圣明、臣工用命;世乱如麻,那是士风日下、人心不古。所以应对一切社会问题的首要手段,一定是振作人才。而君子德风、小人德草,振作人才的首要手段,一定是树立典型。祭祀,则是树立典型的典型手段。

对于儒者来说,从祀孔庙固然可贵,但能够进入孔庙的毕竟是少数,在社会的各个层次还存在着复杂的祠祀系统,足以容纳大量值得纪念的先人,满足各类祭祀活动的需求。

除了中央一层的祭祀之外,清代各地官方还建有昭忠祠、贤良祠、名宦祠、乡贤祠、功臣专祠等,用以崇祀各类有功于一方的逝者。其中乡贤祠与名宦祠一般分列祭祀孔子的正殿两侧,专祀以德业、学行著名的地方名贤。除了这些官方主导的祭祀以外,士人也会发起各种形式的私祀、公祭等,用来表式学术的宗主、尊崇思慕的先贤。

相比于其他类型的祭祀,士人对先儒的祭祀有其特殊性：

第一，祭祀对象的选择根源于师承关系的追溯，无论这种师承是传续的、私淑的或者更抽象的道统序列，亦即所谓"将习其道，故释奠各以其师"。因此，祭祀对象的选择，特别是对古代先儒的"再发现"，就能够体现一时的学术风尚与思想氛围。

第二，祭祀活动的举行，往往表示出参与者，尤其是主事者对宣扬先儒思想学说或个人品质的强烈愿望，对先儒的祭祀不仅仅是为了"崇德报功"，其中更有"借古喻今"的含义在。

第三，由于士大夫阶层的内在流动，士人的祭祀往往有大量政府官员的参与或主持，背后有着深厚的政治与社会背景，而且士人通过祭祀活动也会形成各式各样的交游圈子，间接地影响到学风士习的变化。

这些由私祀、公祭与乡贤祠构成的祭祀先儒的体系，隐然形成了通往孔庙两庑的阶梯：既为人们提供了对那些虽有建树却不足以从祀孔庙、或者尚未得到足够承认的先儒"报恩德、志思慕"的场所，又通过祭祀举行的频率、影响的范围对历代先儒进行"筛选"，使先儒的声望随着时代而升降，间接地为孔庙祀典提供着候选名单。最能体现这个阶梯的，就是顾、黄、王三人，他们能够入祀孔庙，都与他们曾受到各种形式的祭祀有关。

三人之中，得祀最早的是黄宗羲。他身处王阳明、刘宗周的学脉之中,门人万斯同、其子黄百家等人均能绍述其学、广为揄扬,家学、门人、学友都很热闹。康熙三十四年(1695)黄宗羲去世,三十八年(1699)即入祀府学。康熙六十一年(1722),郑性在慈溪半浦建二老阁,并祀黄宗羲与其祖父郑溱,春秋致祭,算是士人之间的一种私祭。

据光绪二十五年(1899)所修《余姚县志》,黄宗羲位列余姚乡贤祠所祀一百八十人之中,但并未言明何时入祀。黄炳垕《黄梨洲先生年谱》编定于同治五年(1866),初刊于同治十一年(1872),于黄宗羲祀事记载很详细,但没有入祀乡贤祠的记载,所以大致可以推定,黄宗羲应当是在光绪十年至十二年(1884—1886)陈宝琛请将顾炎武、黄宗羲从祀孔庙被驳回以后,因为上谕有"仍准其入祀乡贤,以重明禋而昭矜式"之语而得以入祀乡贤祠的。

作为被追认的"清学开山"(梁启超:《清代学术概论》)、"国朝学有根柢"之最(《国史儒林传》),顾炎武的贡献是多方面的。不过,他生前不"讲学",也不广收弟子,因此虽然享有极高的学术声誉,但对他个人的崇祀活动却来得较晚。

道光二十一年(1841),江苏巡抚会同江苏学政疏称:"昆山县先儒顾炎武,砥砺廉隅,匡扶名教,题请入祀乡贤祠",奉旨下部议奏。礼部于当年十二月十七日覆奏:"已故江苏昆山县先儒顾炎武,植躬清峻,砥行端方,讲求经世之学……臣等谨拟准其入祀乡贤祠。"(张穆:《顾亭林先生年谱》)隔日奉旨允准。

礼部的覆奏列举了亭林的几乎全部著作,唯独没有诗文集,清代前期的文化政策在此时余威尚在,顾炎武的遗民身份和反清立场仍是不可触及的忌讳话题——《亭林诗文集》在乾隆禁书时名列"抽毁"之列。尽管如此,入祀乡贤祠表明,顾炎武的贡献开始得到官方承认。

这一年,鸦片战争正在沿海一线开打。也就是在这段时间,突然出现了一股为顾炎武编纂年谱的热潮,吴映奎(生卒年不详)、车持谦(1778—1842)、徐松(1781—1848)等背景不同的学者分别独立编纂了亭林年谱,最后在张穆(1805—1849)的手中形成被梁启超称作"年谱之典范"的《顾亭林先生年谱》,这是在 1843 年。

借着年谱编成的由头,张穆与何绍基(1799—1873)等一批友人集资在北京宣南慈仁寺建立了顾炎武专祠,自道光二十三年(1843)开始,每年三次定期举行公祭顾炎武的集会。这项公祭一直延续了七十年之久,中间仅有数年中断,前后参与祭祀的人数多达五百余人,是清代后期持续时间最长、参与人数最多的文人祭祀活动,极大推动了顾炎武声望的抬升。在晚清,顾炎武不但成为清代地理学、训诂学乃至经学的宗师,而且也成为一代学人的人格榜样。

相对于顾炎武和黄宗羲,王夫之不但生前远为寂寞,身后名的凸显也要等到相当长的时间以后。王夫之的著作虽有多种收入《四库全书》,但是由于绝大部分未经刊刻,在一般士人中的影响极小。嘉庆初年,清廷创修《国史儒林传》,

其后人将王夫之的著作多种呈递国史馆,但也仅得立传,其书仍然尘封。道光二十年(1840),邓显鹤在湘潭首次校刻《船山遗书》,共收书十八种一百五十卷,但是印数不多,后来版又遭毁,直到1865年曾国藩、曾国荃兄弟再次刊刻《船山遗书》,共收书五十六种二百八十卷,王夫之的著作才广为人知。

早在邓显鹤主持刊刻《船山遗书》时,就有在衡阳王夫之故居建立专祠祭祀的计划,但是没有实行。同治年间,郭嵩焘主讲长沙城南书院时,在张栻祠旁的隙地建立王船山先生祠,这是祠祀王夫之的开始。后来,郭氏又在长沙妙高峰筹建船山祠,并亲自主持安立神位等事。

长沙船山祠

光绪初年郭嵩焘请祀王夫之从祀孔庙失败以后，船山祠的祭祀、集会活动有增无减。光绪七年(1881)，他更创办思贤讲舍，专祭王夫之，春秋两次会讲，以为定例。光绪八年(1882)，湖南提学使朱迺然在衡阳王夫之旧居创立船山书院，祭祀船山神位；光绪十一年(1885)，彭玉麟又奏请改建船山书院，将书院旧址改为船山祠庙，王夫之的死后馨香之报越来越隆重。

船山祠的繁荣在王夫之从祀孔庙历程中起到了很大的作用。在支持者的议论中，船山祠的存在被当作湘省士人尊奉王夫之的最显著象征，其中暗含的逻辑是，在士人的公祭与朝廷的祀典之间，存在着可以按次而升的序列：既然王夫之在本地受到如此频繁的祭祀，那么接下来就应该在中央的孔庙拥有一席之地。

在朝廷而言，对应孔庙的地方类似机构是名宦祠和乡贤祠。两者创设的初衷都是为了祭祀影响力仅限于地方的士大夫，对于那些已经奏请从祀孔庙、但被认为尚不足跻身两庑的，一般的处理都是准予入祀乡贤祠，以资表彰。可是在顾、黄、王的例子中我们将看到，入祀乡贤祠尽管是证明先儒地位的一个重要指征，但真正被看作能够体现士人"公论"的，是在如船山祠和顾炎武祠这样的私祠中进行的公祭。在士人公祭与朝廷祀典之间，乡贤祠这一具有强烈官方色彩的祭祀品类反而显得无足轻重。

三、 曾国藩与三儒从祀

在顾炎武、黄宗羲、王夫之三人从祀孔庙的提议被正式提交朝廷之前,已经有一些人通过不同的方式提出了将他们中的某一位或两位从祀孔庙的设想。咸丰元年(1851),曾国藩的好友、湖南湘潭人欧阳兆熊在与曾国藩讨论刊刻《船山遗书》的通信中,建议曾国藩利用其礼部侍郎的身份,奏请王夫之从祀孔庙。欧阳兆熊的原信尚未发现,只有曾国藩的复信一通,透露了请祀的信息及其阻碍:

> 王船山先生崇祀之说,忝厕礼官,岂伊不思。惟近例由地方大吏奏请,礼臣特核准焉,不于部中发端也。而其事又未可遽尔,盖前岁入谢上蔡,今年崇李忠定,若复继之,则恐数以见轻。且国史儒林之传,昆山顾氏居首,王先生尚作第二人,他日有请顾氏从祀者,则王先生从之矣。大儒有灵,此等迟速盖有数存,未可率尔也。

据曾国藩的回信,奏请王夫之从祀的障碍有三:其一是按照惯例,从祀文庙一般由地方长官提议,礼部只负责核准,所以他虽然身为礼官,并不是提议的合适人选;其二是当时从祀比较频繁,两年中宋代谢良佐、李纲先后从祀,曾国藩担心如果再请祀王夫之,会遭到轻视;其三是在作为官方文本的《国史儒林传》中,王夫之仅处于第二位,而居首的顾炎武尚未从祀,容易给反对者以口实。曾国藩计划将来等顾炎武请祀的时候,一并将王夫之呈请,则入祀孔庙就是顺理成章的事情。

就在欧阳兆熊和曾国藩讨论王夫之从祀的时候,顾炎武的声望正如日中天。道光二十三年(1843)顾炎武祠建成,京师名士一年三次前往会祭,规模常达数十人。曾国藩不但与这些士人交往甚密,有一段时间他就住在报国寺中,对顾炎武崇拜的新潮少不了耳濡目染,只是出于避免诗酒征逐的自我要求,他才没有列名顾祠会祭名单。在此前后,清朝官方的《国史儒林传》正在修撰,许多人相信顾炎武名列第一,更助推了顾炎武的影响。

曾国藩不止一次表达过想要将顾炎武从祀孔庙的愿望。咸丰十一年(1861),曾国荃写信给曾国藩,提到方苞从祀孔庙的事。这年六月二十九日,曾国藩回信表示反对。他举出公私两方面的理由:

从公而言,方苞一生曾有两次获罪:一次是牵连到戴名世《南山集》大案,方苞被下入刑部大狱,《狱中杂记》就是这时候写的;一次是族人方孝标的《滇黔纪闻》案,方氏合族被编入旗籍。如若提请从祀,应该查明谕旨,说明何时获罪、何时昭雪,特别是国史本传如何记载,否则肯定会被严旨驳回。此外,最近从祀之案过于频繁,前一年朝廷刚刚声明以后要从严掌握,现在就破例的可能性很小。

从私而言,曾国藩对方苞的评价也没有那么高。他说方苞在经学方面虽然勇于自信,但其他大儒对他多不认可。《四库总目》中对方苞颇有微词,《皇清经解》卷帙浩繁,甚至连方苞的"一册一句"也没有收录。至于方苞的古文,曾国藩说自己只是"少年好之",现在已经别有宗尚了:论学问,推崇顾炎武、王念孙两位;论经济,则推陈宏谋。假如要奏请从祀,曾国藩会优先推荐这三位,至于李光地和方苞,还要往后排一排。

曾氏兄弟讨论方苞从祀之时,曾国荃正在围攻安庆,与太平天国的战事极为吃紧。就在两日前(六月二十七日),曾国藩致曾国荃的信中有言"戎马仓皇之中,为此俎豆馨香之举,可谓好整以暇,然多不合例处,仍当批驳也",指的应该就是这件事。曾国荃想要提请从祀桐城人方苞,向本地士大夫示好的意图清清楚楚。可惜他这时还只是在战事中崭露头角,于繁琐的行政程序并不在行,不巧又碰上那位务实的乃兄:曾国藩以个人学术偏好否决了曾国荃的阵前提议,可见他并不认为从祀乡贤会对战事有多大的影响。

终其一生,曾国藩没有正式提出任何关于从祀孔庙的奏请。

四、 陆心源拟顾炎武从祀

归安(今属浙江湖州)陆心源(1838—1894)写过一篇《拟

顾炎武从祀议》,提出应将顾炎武从祀孔庙。这篇拟议的写作年代已经无可稽考,最早见于同治十三年(1874)在福州重刊的十六卷本《仪顾堂集》,但不见于八卷本的初刻《仪顾堂集》。文中称"自皇上中兴以来",指的应当是"同治中兴",因此只能确定撰写于同治年间。

陆心源是清代重要的藏书家,他终生最服膺顾炎武,甚至认为三代以下罕有其匹。作为顾炎武的超级粉丝,他的堂号就叫"仪顾堂",文集自然也就成了《仪顾堂集》。

作为"拟议",陆心源这篇文章写得滴水不漏。他先说程朱之学阐明道统之功,接着批评其空谈心性之弊。顾炎武则"不争坛坫,不立门户,其学一以朱子为宗",具体证据就是他在华阴"建朱子祠以示趋向"。

陆心源举其著作,首称"病明季学者入于狂禅,因取《黄氏日钞》所摘谢氏、张氏、陆氏之言而折中于朱子,曰《下学指南》",强调顾炎武服膺程朱的一面。在陆心源的笔下,顾炎武以理学"诤臣"的面目出现,亦即通过批评理学的流弊(特别是陆王之学)来恢复程朱正统,目的就为推出这样一个结论:在明季"以聚徒为市道,以讲学为利阶"的时代,"顾炎武出而圣人之道复明"。

以上是学问的方面。在实践方面,陆心源称其"笃于忠孝大节",比如清朝屡聘不出、六谒孝陵等等。顾炎武的人格榜样作用成效明显,同治中兴的"丰功伟烈,半出名儒,盖炎武有以开其先也",所以应予从祀孔庙。

最后,陆心源特别指明,假如有人因为顾炎武是"明室遗臣"而加以反对,那么黄道周、孙奇逢也都是同样情况,却已经在道光年间得以从祀孔庙,就是可以比照的先例。陆心源并以"盛世之民"称之,以对冲"明室遗臣"的身份,可谓善于措辞。

陆心源的这篇拟议很可能并没有实际进呈,因为不仅《清实录》没有记载,中国第一历史档案馆所藏的军机处录副奏折中也没有类似的文件,关于文庙祀典的几种同时期著作亦没有提到陆心源曾有此请。所以这篇"拟议"大概只是陆心源个人的一个设想,也仅仅停留在"拟"的阶段。

在今日读者心中,顾炎武作为思想史上叛逆者甚至革命者的形象早已稳固。他既对陆王心学有非常严厉的批评,也对程朱理学提出了颠覆性的新见解,开创了考据学的新潮流。但在从祀孔庙的语境中,顾炎武反复被提到的是那些与理学正统相符合的思想和生平碎片,论者千方百计磨去他的棱角。这一场景在后来从祀的过程中会持续上演。

与陆心源大致同时,吴县人潘祖荫在同治十二年(1873)为庞锺璐《文庙祀典考》作序时,列举了历代应当从祀而尚未从祀的大儒,黄宗羲、顾炎武赫然在列。潘祖荫并将二人喻为"苏门之畏友",表彰他们从另一个方面对理学作出的贡献。顾、黄从祀的动力都在酝酿中了。

郭嵩焘请祀王夫之

一、 请祀王夫之缘起

光绪二年(1876)八月二十日,刚刚署理礼部左侍郎十余天的郭嵩焘(1818—1891)奏请将王夫之从祀孔庙。

上奏请祀王夫之的时候,郭嵩焘正处于一种尴尬境地。

一年前(光绪元年,1875),他刚到任福建按察使,就被任命为出使英国钦差大臣,成为中国第一位驻外使节。清廷如此决策,是因为英国驻华公使馆特派书记翻译官马嘉理在云南被杀,经过一番谈判,朝廷决定派大员前往英国道歉,并顺势留驻英国。

此前,郭嵩焘在署理广东巡抚任上就很不愉快,不但与总督时生龃龉,更与少年知交左宗棠反目,对他有看法的已经颇有其人,如今他又要前往蛮夷之地谢罪、常驻,更为物议所难容。不过,郭嵩焘一向敢于立言,他随即参劾云南巡抚岑毓英不谙事理、酿成事端,这更为他带来了坏名声。

于是郭嵩焘屡次辞任。为了挽留他,慈禧在召见的时候甚至说:"总理衙门哪一个不挨骂?"又说:"你须是为国家任此一番艰难。"连一向不爱说话的慈安都在旁边帮腔:"这艰苦须是你任。"

这是光绪二年七月十九日。太后如此体贴下情,又以国事相托,郭嵩焘本来在家里打了一肚子的请辞腹稿,此时一句也说不出来了。

接下来的十来天,他大拜宾客,还要去总理衙门熟悉新岗位,忙得不亦乐乎。但就在这紧张关头,郭嵩焘在八月一日的日记中详细记下了一件从祀事件:

> 河南学政费延釐奏请汉儒河间献王刘德,循伏胜、毛苌之例从祀文庙;又奏礼部尚书张伯行请从祀文庙。陕西学政吴大澂奏理学名儒朝邑王建常,与盩厔李中孚同时,李中孚《反身录》盛行海内,王建常《复斋录》久已湮没不彰。读所著《小学句读记》《大学直解》《书经要义》《春秋要义》《太极图集结》《律吕图说》《四礼慎行录》各书,直接明儒胡居仁。富平李因笃、华阴王宏撰皆亟称之。而引咸丰十年闰三月上谕,从祀文庙以阐明圣学、传授道统为断。

请祀的三人之中,张伯行(1651—1725)笃信程朱,属于康熙朝"理学名臣"群体中的一员,当然就是"卫道之儒"。最终,张伯行顺利入祀孔庙。

如今知道王建常(1615—1701)的人大概不多,他在清初隐居不仕,著述亦以程朱为本。吴大澂的理由是,王建常与李颙(1627—1705)齐名,但李颙《反身录》风行海内,王建常《复斋录》却隐没不彰,读王建常所著诸书,直接明儒胡居仁(1434—1484),照咸丰十年(1860)上谕"以阐明圣学、传授道统为断",请予从祀。不过王建常知名度不高,影响未能超出其乡,没有得到允准。此外,吴大澂的策略也很不合适,因为李颙也没有从祀孔庙,这种比对毫无意义。不太意外,王建常的入祀请求遭到驳回。

值得展开的是河间献王刘德。

二、 河间献王刘德从祀孔庙

河间献王刘德(?—前129)系汉景帝第三子,他于秦火之后,努力搜求民间遗书,《史记》说他得到的书"与汉朝等",司马迁给他本人的评语则是"修学好古,实事求是"。按照当日的从祀标准,刘德可谓是"传经之儒",奏疏中费延釐请援引汉儒伏胜、毛苌之例,也正是立足于此。

汉儒在孔庙中的地位,经历了一番周折。本来,唐贞观二十一年(647)定左丘明、卜子夏、公羊高、穀梁赤、伏胜、高堂生、戴圣、毛苌、孔安国、刘向、郑众、杜子春、马融、卢植、郑玄、服虔、何休、王肃、王弼、杜预、范宁配享孔庙,是为孔庙从祀制度之始。二十一人之中,自伏胜至何休都是汉儒,后面几位也是汉儒余续,可以说汉儒本是孔庙从祀队列的主体。

明嘉靖九年(1530),这个名单遭遇了一次重大调整。左丘明、卜子夏、公羊高、穀梁赤、伏胜、高堂生、毛苌、孔安国、杜子春在孔庙的位置得以保留;戴圣、刘向、贾逵、马融、何休、王肃、王弼被罢黜;郑众、卢植、郑玄、服虔、范宁"改祀于乡",从全国性的先儒变成了地方性的乡贤。

得以保留的各位,每个人对于经典都有不可取代的贡献。比如左丘明、公羊高、穀梁赤各自解释了《春秋》,伏胜、孔安国保存了《尚书》等等,如果没有这九个人,那么在秦火之后,经典就不可能重现世间。

戴圣等人被罢祀的理由是,他们的贡献在于"训诂之学",只是解释了那九个人保存下来的经典,即便没有他们,儒家的道统损失也不大。而且,这几个人的个人品行也多少都有点问题,比如戴圣在九江做地方官,多为不法之事,他的儿子和宾客甚至当了"群盗",所以要丢出孔庙。

至于郑众等五个人,儒学造诣一般,不过品行也没有污点,属于无功无过,这次就给他们降低等次,回乡进庙。

以上是嘉靖九年这次改革的官方解释。经此一回,孔庙从祀从学术和道德两个方面都更严格化了。但更重要的是,它展现出了权力的一种姿态:即便先儒在孔庙里已经享有近千年的尊荣,也可能成批地被丢出去,而且是以正大光明的理由。

进入清代,汉代学术的地位越来越高,大多数考据学者都以汉代学术的继承者自居,为汉儒抱不平的声音不时涌

现。《日知录》卷十四专门有一条议论嘉靖九年的改制,顾炎武评论说:

> 至有明嘉靖九年,欲以制礼之功盖其丰昵之失,而逞私妄议,辄为出入,殊乖古人之旨。夫以一事之瑕,而废传经之祀,则宰我之短丧,冉有之聚敛,亦不当列于十哲乎?弃汉儒保残守缺之功,而奖末流论性谈天之学,于是语录之书日增月益,而五经之义委之榛芜,自明人之议从祀始也。有王者作,其必遵贞观之制乎?

即便是孔子的弟子,也不是人人都美玉无瑕,嘉靖君臣如此吹毛求疵很不理智。顾炎武认为,他们对待先儒如此不客气,其实正鼓励了热衷于论性谈天的宋明理学。

阎若璩所作《孔庙从祀末议》,其中一条就是建议将河间献王刘德从祀孔庙。这份建议受到乾隆帝的严厉批评,不过他还是令大学士及礼部详议覆奏。覆奏的意见当然跟皇帝的看法"不谋而合"。阎若璩的建议是康熙四十年(1701)以前提的,有些内容已经实现,没有实现的都有其不能实现的原因。关于河间献王,大学士们是这样说的:

> 汉河间献王刘德,修学好古,所得皆古文先秦旧书,如《周官》《尚书》《礼记》之属,事迹具载《汉书》。但当暴秦之时,转徙流离,藏遗经于焚书坑儒之会,诸儒实为其

难；及挟书之禁已弛，以藩王有土之尊，出其力以搜求图
籍，献王实为其易……若因有功经籍增祀刘德，则藏书
壁中、避祸嵩山之孔鲋，亦未列俎豆，事阅数千年，博议
者未之及，非有阙遗，实重之也。

标准、尺度倒也算得上清晰明确。

此次费延釐奏请从祀河间献王，《东华续录》光绪十七保
存了他的原折。费延釐的理由是：

（1）根据《隋书·经籍志》的记载，《仪礼》十七篇的古文
是河间献王从民间收集而来的。郑玄注释《仪礼》的时候，参
用今古文，因此河间献王有功于礼经。

（2）根据《汉书·儒林传》的记载，贾谊曾作《左氏传训
故》，传赵人贯公，而贯公为河间献王博士。贯公之下代有传
承，直到东汉左氏学立为博士，因此河间献王有功于《春
秋》经。

（3）根据郑玄《六艺论》，西汉毛亨作《诗故训传》，河间
献王号之曰"毛诗"，毛诗又传赵人毛苌，毛苌为河间献王博
士，因此河间献王有功于《诗经》。

（4）根据《汉书·景十三王传》，河间献王还搜集到《周
官》《尚书》《礼记》《孟子》《老子》等等，都是先秦古文旧书。

费延釐说，汉代经生，比河间献王早的有伏胜，比他晚的
有毛苌，这两位都已经从祀孔庙，因此河间献王也应该入祀
圣人之堂。

次年礼部的覆奏对费延釐的说法并无异议,还据《隋书·经籍志》补充了几条:

(5)河间献王得到的《周礼》,还差《冬官》一篇,他购以千金不得,遂将《考工记》作为《冬官》编入,成为今本《周礼》。

(6)河间献王得到了淹中所出古经献给朝廷,书中所说都是"威仪之事",一共五十六篇,"今之《仪礼》是也"。

(7)河间献王得到孔子弟子及后学所记一百三十一篇献给朝廷,"今之《礼记》是也"。

民国时期的河间献王祠

除了郑玄《六艺论》,这次从祀中引用的都是常见文献,但把经典传承的细节说得这么清楚,并放在经今古文问题的大背景下去展开,确实是考据学大行其道之后才会有的事。

乾嘉考据学首席大师戴震的《东原文集》,开卷第一篇就

是《河间献王传经考》，文题下并有小注："刻石河间府献王祠
左壁"。河间献王与毛诗、《左传》、《周礼》和《仪礼》的关系等
等，都已见于此文，甚至片段原文还见于费延釐的提议中，足
见这位河南学政确曾读书。

按河间献王祠即在献王陵前，是献县当地名胜。《阅微
草堂笔记》卷二中有一个鬼故事，就发生在这个祠堂旁边：

> 相传有塾师，夏夜月明，率门人纳凉河间献王祠外
> 田塍上。因共讲《三百篇》拟题，音琅琅如钟鼓。又令小
> 儿诵《孝经》，诵已复讲。忽举首见祠门双古柏下，隐隐
> 有人。试近之，形状颇异，知为神鬼。然私念此献王祠
> 前，决无妖魅。前问姓名，曰："毛苌、贯长卿、颜芝，因谒
> 王至此。"塾师大喜，再拜请授经义。毛、贯并曰："君所
> 讲适已闻，都非我辈所解，无从奉答。"塾师又拜曰：
> "《诗》义深微，难授下愚。请颜先生一讲《孝经》可乎？"
> 颜回面向内曰："君小儿所诵，漏落颠倒，全非我所传本。
> 我亦无可著语处。"俄闻传王教曰："门外似有人醉语，聒
> 耳已久，可驱之去。"

按毛苌为河间献王博士，贯长卿是他的弟子；颜芝是河
间人，在秦始皇焚书的时候藏下了《孝经》，按照司马贞的说
法，颜芝后来把《孝经》献给了河间献王，但这件事不见于河
间献王本传，戴震就对《孝经》与河间献王的关系有所怀疑。

不过这个鬼故事的重点不在于经典如何传承，而是讽刺后世的读书人对经典的理解已经大大偏离汉儒的原意，甚至连文本也都"漏落颠倒"，迥非原貌了。造成这种偏差的罪魁，非宋儒莫属。

河间献王祠（桑原骘藏摄于 1908 年）

纪晓岚记下这个故事，是否与戴震对河间献王经学贡献的考证有关，已经不得而知。但在乾隆后期至嘉庆年间考据学的大潮中，既有一流学者的考证，又有鬼故事在一般读书人中流传，河间献王在经学谱系中的地位也就稳了。

礼部的意见虽然很有学术品位，但覆奏中还必须找到政治正确的依据：一是乾隆帝钦定《三礼义疏》的"纲领"部分，把《隋书·经籍志》所记河间献王与三礼有关的几条都采入其中，等于认可了他的贡献；二是《大学》《中庸》都出自《礼记》，程子有言，《大学》是"初学入德之门"，《中庸》乃"孔门传授心法"，所以"圣学道统莫备于此二篇"，河间献王既然有功于《礼记》之传，也就是有功于儒家道统。

礼部覆奏的执笔者写出这两条依据时，想必内心会有些得意。一位在考据学语境中地位逐渐抬升的古人，也必须得在政治权力和作为官方意识形态的程朱理学中获得地位，才能保证他得以进入儒家最高神殿。

礼部覆奏最后说，"拟如该学政所请，准以汉儒河间献王刘德从祀文庙，其位次应在西庑先儒董仲舒之次"。得旨，"如所议行"。时在光绪三年（1877）九月。

三、 从祀请求被驳

回到光绪二年（1876）的郭嵩焘身上。当他在日记中详细记下刘德、张伯行、王建常被请祀之理由的时候，大概没想到第二天他就奉上谕署理礼部左侍郎，成了从祀事务主管衙门的堂官。

数日忙乱之后，他于八月初六日到礼部上任，同时继续在总理衙门的差使。初九日文庙丁祭，礼部堂官应有一人检查祭仪祭品，这个任务也落在郭嵩焘头上。到二十日，郭嵩焘就提出王夫之从祀孔庙的呈请。

在这份奏折中，郭嵩焘完全没有掩饰此次呈请中的竞争意味。他开宗明义指出本朝已经从祀了理学名儒如陆陇其、汤斌、孙奇逢、张履祥、陆世仪，又提出河南、陕西学政关于三位先儒的呈请，但"我朝经学昌明，远胜前代，而阒然自修，精深博大，罕有能及衡阳王夫之者"。

王夫之在道统序列中如何安置呢？郭嵩焘引用《国史儒林传》称其"神契张载《正蒙》之说，演为《思问录》内外二篇"之语，将王夫之与道统序列中的张载联系起来。王夫之一生服膺张载，还为《正蒙》做注，此说自然有据。郭嵩焘并说，王夫之不但"笃守程朱，任道甚勇"，而且"深造自得，动合经权"，特别对于陆王心学"析之至精，防之至严，卓然一出于正"。

郭嵩焘所举王夫之的著作，首列收入《四库全书》的《周易稗疏》《书经稗疏》《春秋稗疏》《春秋家说》，次及《思问录》《周易内传》《读四书大全》，全部是经学和理学著作，又引《国史儒林传》称他"所著经说，言必征实，义必切理，持论明通，确有据依"，而对船山其他著作仅以"其他经史论说数十种"一语了之，后来最著名的《读通鉴论》《黄书》等著作一字未提。

郭嵩焘请求朝廷令湖南巡抚与学政将王夫之的著作移送礼部，他所圈定的范围也是"曾国藩所刻经说及《张子正蒙注》《思问录》讲明理学之书"。最后郭嵩焘称，如能将王夫之从祀两庑，定能"于表彰理学儒臣，以光圣化，所裨实多"。

日后收入文集时,这篇奏疏题名为"奏为先儒阐明性理诠释经旨有功来学应请饬部会同核议从祀文庙折","阐明性理"与"诠释经旨"分别对应的就是"传道"与"传经"两个方面。郭嵩焘这样立论,显然是为了使王夫之能够符合从祀孔庙的所有要求,以求万全。他认为,宋代以后已经从祀孔庙的诸儒固然都合乎"传道"的标准,但是同时具备经学建树的少之又少。朱子自然"传道传经两极其盛",但"其后从祀诸儒经术湛深"者只有南宋黄榦、元代吴澄两人而已,其余诸人对于经典虽多有讲说,但"卓然成一家者实不多见",王夫之兼摄传经与传道,"元明诸儒罕能及者"。这是郭嵩焘对王夫之的定位。

郭嵩焘终身服膺船山,在他的论述中,王夫之一直始终是作为"宋五子"的继承者而出现的。在他撰写的《船山祠碑记》中,郭嵩焘先抑后扬:"自有宋濂溪周子倡明道学,程子、朱子继起修明之,于是圣贤修己治人之大法灿然昭著于天下,学者知所宗仰。然六七百年来,老师大儒,缵承弗绝,终无有卓然能继五子之业者……若吾船山王先生者,岂非其人哉?"在为船山祠撰写的祭文中,他不厌其烦,反复申说:"两庑之祀,当在宋五子之列""允宜追配七十子,位两庑程、邵之班""衍关、闽、濂、洛之宗风",这样的大儒,自然可算得"传授道统"。

宋五子之中,与王夫之关系比较密切的有两人,一是周敦颐,因为他是湖南人,是王夫之的"乡前辈",《船山先生祠安位告文》称"盖濂溪周子与吾夫子,相去七百载,屹立相望。揽道学之始终,亘湖湘而有光"。二是张载,《船山祠碑记》称王夫之"尤心契横渠张子之书",以致在其《自题墓石》中自称"希张横渠之正学",作为对自己的盖棺论定。但是周敦颐与王夫之仅是地域上的关系,还谈不到思想的传承,因此王夫之在道统序列中的位置,自然就以张载一支为宜。

郭嵩焘也提到王夫之"发强刚毅,大节凛然",但举出的事迹却与明清易代无关:"张献忠据衡州,闻夫之积学高行,索之甚急,踪迹得其父为质,夫之引刀毁割肢体几遍,舁往易父,献忠见其创甚,释之,父子皆得脱。更涉吴三桂之乱,避地深山,流离转徙,读书讲道,未尝暂辍,卒能洁身自全"。张献忠、吴三桂在清廷的政治判断中都属于"反面人物",这里的描述着意回避了王夫之的反清立场。在以后的请祀中,凡涉及王夫之品行气节的,也都首列郭嵩焘举出的这两件事。

郭嵩焘于光绪二年八月二十日提出请祀,九月二十五日就奉命出使英国。从祀王夫之的请求也在第二年被礼部驳回。

这次被驳,背后主其事者是郭嵩焘的继任者,署礼部左侍郎徐桐(1819—1900)。在后来为王夫之和自己辩解的奏折中,郭嵩焘直斥徐桐对他个人的偏见是礼部议驳的根本原因:"署礼部左侍郎徐桐以臣出使西洋,为清议所不容,所请应予驳斥,昌言于众……臣赋性戆直,少读儒先性理之书,即不敢有伪饰,规避取巧尤所不为,以致遭时大诟,累及二百年先儒因臣一言至于议驳,心窃痛之"。他又在自己所编的《湘阴县图志》卷二三《典礼志》中记载道:"光绪二年,署礼部左侍郎郭嵩焘请王夫之从祀两庑,为礼部尚书徐桐所持。"直到三十年后,礼部侍郎郭曾炘在请将三儒从祀孔庙的奏折中还说:"见光绪初年议驳王夫之从祀原案,微闻当日持议不无门户之私",所谓"门户之私",指的就是这段公案。

徐桐对郭嵩焘的不满人所共知,但他反对王夫之从祀的公开理由是什么呢?据郭嵩焘称,礼部驳回的依据主要是《四库全书总目提要》对王夫之的指摘,及曾国藩《船山遗书序》中"醇驳互见"的话。曾国藩在为金陵节署本《船山遗书》所撰写的序中说:

> 先生殁后,巨儒迭兴,或攻良知捷获之说,或辨《易图》之凿,或详考名物、训诂、音韵,正《诗集传》之疏,或修补《三礼》时享之仪,号为卓绝。先生皆已发之于前,与后贤若合符契。虽其著述太繁,醇驳互见,然固可谓博文约礼、命世独立之君子已。

曾国藩所谓"著述太繁,醇驳互见"究竟何指?郭嵩焘在随后的奏折中说,他曾"与曾国藩辩论王夫之遗书醇驳之旨,曾国藩谓'醇驳互见,在考证之疏密,无关学术之精微'",应为可信。

实际上,曾国藩的说法还是来源于钦定书籍:《四库全书总目提要》称王夫之《书经稗疏》"虽醇疵互见，而可取者较多焉"，阮元《国史儒林传稿》袭之，称"虽醇疵互见，而可取者多"，曾国藩的序文只不过是遵守权威文本的定评而已。考虑到王夫之的敏感身份，曾国藩的这种引用更像是一种政治上的保险。不管怎样，曾国藩对王夫之倾服终生，但他这篇序文中的用词居然成为后来反对船山从祀的把柄，恐怕是他始料未及的。

曾国藩身兼名儒与名臣的双重身份，声誉极高，因此他的言论可以成为决定孔庙从祀这一国家大典的主要标准。不过更重要的原因恐怕还在于，曾氏是推崇王夫之最重要的人物，既然连他都称其为"醇驳互见"，那么自然不足以从祀孔庙了。礼部的论据对支持者是一个很有力的打击。

在得知礼部议驳以后，郭嵩焘担心此次驳斥将会给以后的请祀造成障碍。因为根据各部惯例，如果某项事件曾遭驳回，那么以后再陈请时，部臣往往援引原案，以曾经议驳为由直接搁置。所以他又于光绪三年十二月九日（1878 年 1 月 11 日）从伦敦发出一封奏折，重申王夫之应予从祀的各种理由，并请将王夫之从祀一案"饬部存案"，以待嗣后论定。

上折请饬部存案以后，郭嵩焘又分咨礼部、湖广总督及湖南巡抚，动用一切资源来挽回，但是无济于事，上谕认为："从祀典礼，关系极重，部臣议准议驳自有公论。郭嵩焘因廷臣议驳明儒王夫之从祀文庙，辄以私意揣测，疑为故意驳斥，并请饬部存案，语多失当，殊属非是，原折掷还。"

掷还的日期，《德宗实录》系于"光绪四年二月壬寅"，但是《翁同龢日记》在同年八月初五日有如下记载："是日巳刻，内阁会议张伯行、王夫之从祀庙廷，张清恪准，王船山驳，皆礼部主稿。"日记中还有小字注解："驳稿略摭《四库提要存目》中语，断为不足羽翼圣经，继承运统"，同日的《王文韶日记》也证明了这一点。

何冠彪《黄宗羲、顾炎武、王夫之入祀文庙始末》据此认为，既然内阁到八月还在讨论从祀的事，自然不会在二月就掷还了郭嵩焘的奏折，"二月壬寅"应该是清廷收到郭嵩焘奏稿的日期，后来的史官将覆旨误系于此日。但是查中国第一历史档案馆所藏郭嵩焘原折，奉旨的日期确系光绪四年(1878)二月二十二日，另据《翁同龢日记》，内阁会议的仍然是王夫之从祀的提议，而不是郭嵩焘第二次奏疏所说的"存案"，《王文韶日记》亦云"会议张伯行、王夫之请从祀文庙折"。所以，应当是郭嵩焘风闻礼部议驳的时候，礼部的意见还没有拿到内阁会议，他请求饬部存案的奏折被掷还，并没有影响到正常的程序，只是"其议驳者不复宣示"而已。

此外，礼部的覆奏不存于军机处录副奏折中，曹元忠在编《三儒从祀录》的时候也说"当时署礼部左侍郎徐桐覆奏，在礼部遍查不得"。郭嵩焘在《湘阴县图志》中记载此事的时候说"其议驳者不复宣示，非朝廷饬交会议之意也"，可见礼部的议覆其实并未发出。

四、 湖南士人与船山从祀

被驳之后,郭嵩焘在请饬部存案的奏折中称湖南"人文僻陋"。在为王夫之辩护之后他特别指出,《船山遗书》虽然经曾国荃采辑刊刻,但是至今"仅及十年之久,尚未甚显于世,其名至今不出湖南北",王夫之还只是湖南一隅之士。郭嵩焘承认王夫之的声名尚未显于天下,期待后世"有读其书而考知其人之学行以感发兴起者",并重新提出从祀之请。

在私下的一些文字中,郭嵩焘表达得更加明确。《船山祠碑记》说:"吾楚幸得周子开其先,而自南宋至今,两庑之祀相望于学,独吾楚无之。意必有其人焉,而承学之士无能讲明而推大之,使其道沛然施显于世。若吾船山先生者,岂非其人哉?"先是"意必有其人",然后才想到"船山先生",王夫之分明是被挖掘出来以光大"吾楚"学统的。

道咸以后,以陶澍、魏源、贺长龄等为代表的一代湘籍士人与以曾国藩、左宗棠为代表的"中兴将相"相继崛起,奠定了湖南人在全国区域政治格局中的地位。但传统的观念是,真正能够传之久远的是"立德""立言",而不是"立功",而此前的湖南又恰恰是这样一个文化沙漠,几乎举不出具有重要影响的学者。郭嵩焘曾说:"自汉诸贤祀于学者,濂溪倡有宋道学之先,楚以南无得祀者。徐氏集经说百二十有一人,阮氏集国朝经说百有二人,楚以南无得叙录者;前无与

承,后无与述,相与沉沦汩没,终安于卑陋。"(《江幼陶重修新宁书院记》)

这种情况自然引起新一代湖南学者的极大忧虑。除了在内部广为联络、形成一个相对紧密的士人群体之外,他们还热衷于搜集本省先贤事迹,整理乡邦文献,力图将湖南士人塑造成一个由来有自、传承有序的学者群体。以邓显鹤为例,《清史稿》本传称其"尝以为洞庭以南,服岭以北,屈原、贾谊伤心之地也,历代通人志士相望,而文字湮郁不宣。乃从事搜讨,每得贞烈遗行于残简断册中,为之惊喜狂拜,汲汲彰显,若大谴随其后"。刊刻《船山遗书》而外,他还曾辑《资江耆旧集》六十四卷、《沅湘耆旧集》二百卷、《楚宝增辑考异》四十五卷等,在濂溪时又重订周敦颐《周子全书》,辑欧阳玄(浏阳人)《圭斋集》等,湖南文献因得以大显。

郭嵩焘的这种期望在湖南士人中具有普遍性。更早一些,陶澍题船山祠的楹联就称:"天下士,非一乡之士;人伦师,亦百世之师",鲜明地表达出湘人试图突破王夫之"一乡之士"的形象,而将其定位为"天下士"的努力。但是要想将乡贤塑造成"天下士",首先还得靠本乡之士的一致努力。

在提出从祀奏请以后,郭嵩焘随即"寄省城徐云渠以下公信一函,述悉二十日奏请船山先生从祀文庙一节",为请祀争取湖南人士的舆论支持。但出乎他意料的是,湖南竟没有一个人响应他。在光绪五年(1879)六月二十七日的日记中,郭嵩焘写道:

具奏王船山先生崇祀文庙两庑,自揣所言不足取信朝廷,政府诸公视王夔石文章道德,百倍胜于鄙人,特请饬湖南巡抚开具事实,咨送其遗书礼部。以一书托之省城诸公,凡三十余人,无一回信者。顷归家询之,则李辅堂实倡其议,谓船山不足入两庑,诸人嗫不敢言。

王夔石即王文韶(1832—1908),浙江仁和人,光绪四年(1878)三月由湖南巡抚转署兵部左侍郎,并在军机处学习行走。郭嵩焘托他饬湖南巡抚将王夫之的生平事迹及《船山遗书》咨送礼部,他自己又遍托湖南全省官员,不料却没有一个人回应,后来才得知,阻力来自李辅堂。按李桓(1827—1892)字辅堂,黼堂,湖南湘阴人,其时正在从事《国朝耆献类征初编》的编纂。郭嵩焘对湘人的冷淡十分愤怒:"其待二百年前乡先达、理学名儒如此,于并世之人何有哉!以是益知湖南人之不足于提拔也。"

郭嵩焘的碰壁,可能和他与湖南士绅关系紧张有关,但也可以说明当时湘人对于"乡前辈"王夫之的态度尚不统一。尤为重要的是,此前从祀诸儒大多由县域地方士绅共同发起提请,自下而上推动实现,郭嵩焘此次请祀先在朝廷层面发起,遭遇挫折后进而动员湖南阖省官员,完全是自上而下的策略,甚至根本未曾到达王夫之籍贯所在的衡阳县,很有些名不正言不顺的嫌疑。既然湖南人自己对于王夫之应否从祀孔庙都有分歧,那么朝廷的驳回也就在情理之中了。

五、辅广从祀孔庙

就在郭嵩焘为王夫之从祀孔庙奔走未果之时,除张伯行之外,宋儒辅广也得以成功入祀。

辅广(生卒年不详),字汉卿,号潜庵。祖籍赵州庆源,辅广之父在两宋之际流寓浙江崇德之永新乡。辅广本是吕祖谦的弟子,吕氏去世以后,又入朱子门下,与同门黄榦相友善,是朱子理学谱系中的重要人物。

从祀辅广的请求首先在光绪四年(1878)由浙江石门县士绅提出——这里有个地名的小变化:康熙元年,因崇德县名与清太宗年号相同,改崇德县为石门县,不过早在明朝成化年间,崇德县东北部就分出了一个桐乡县,辅广故里恰在桐乡境内,因此也是桐乡先贤。有意思的是,从祀请求仍秉持行政区划名称优先的原则由石门县提出,但严辰所编《桐乡县志》也将辅广列入从祀乡贤,以示归属。

石门县士绅的呈文由刑部主事徐宝谦领衔,在概述生平德业之后,结以"实朱门黄、陈、二蔡之俦",堪与黄榦、陈淳、蔡元定蔡沈父子相提并论。据称,徐宝谦等是在张履祥全集的卷首看到从祀的具体程序:"伏读《杨园先生全集》首载礼部议奏,嗣后从祀文庙,应以阐明圣学、传授道统为断,并将其人生平著述事迹送部……"云云。所附事实清册分著述、事迹、引用、论赞四条,清晰明了。尤其是"引用"一条,载"《钦定诗经传说汇纂》引用五百八十八条,《钦定仪礼义疏》引用一条,《钦定礼记义疏》引用八十九条,当湖陆氏《四书大全》引用七百三十三条,《论孟序说》引用十五条,金坛王氏《四书大全》引用三百九十五条,都梁李氏《朱子异同条辨》引用六百六条",在没有索引的年代是花了功夫去数的。

接下来就是石门县知县余丽元、嘉兴府知府许瑶光逐级上报,浙江巡抚梅启照会同闽浙总督何璟、浙江学政黄倬上奏请祀。请祀奏疏中,开列的引用数字与呈文有微小的出入,不知道是重新数过,还是抄录出了错。

就在请祀辅广的过程中,县令余丽元主持修纂了《石门县志》,县志卷八《人物》首列辅广,在开列生平之后,不顾体例地详列了钦定书籍及先儒著作引用各若干条。末尾说,"光绪四年,余令丽元详请从祀文庙,尚待大吏之会题云",则修志尚在浙江省正式上奏之前。此句下注"另纂",也许是本地尚辑有"从祀录"。正因为光绪《石门县志》修纂时间略早,记录辅广从祀事项反而不如《桐乡县志》详尽。

光绪四年十一月二十六日,奉旨礼部议奏。礼部的覆奏又重述了辅广的生平著述,在引用条数方面仅举其成数,避免了具体数字的争议:"《钦定诗经传说汇纂》《钦定礼记义疏》《钦定仪礼义疏》实共引用六百余条,至先儒陆陇其《四书大全》、王步青《四书汇参》、李桢《朱子条辨》实共引用一千七百余条"等等,准予从祀,位在西庑宋儒黄榦之次。光绪五年

（1879）十月初三日，得旨依议。

这年春天，郭嵩焘结束了他的驻外使节生涯，顶着骂名回到国内。辅广成功入祀孔庙时，他正在长沙，忙着参加禁烟公社的活动。

陈宝琛请祀黄宗羲、顾炎武

一、 陈宝琛呈请黄、顾从祀

距郭嵩焘请祀王夫之仅隔数年，黄宗羲、顾炎武从祀孔庙的动议也被提出。

光绪十年（1884）三月二十四日，江西学政陈宝琛（1848—1935）奏请将黄宗羲、顾炎武从祀孔庙。黄宗羲是浙江人，顾炎武是江苏人，却由身为江西学政的福建人陈宝琛提出呈请，这应该是陈宝琛个人的主动努力，而非黄、顾故乡士绅的意愿。

陈宝琛的奏疏以黄、顾二人连接明清、承上启下为言。他说，明末经术荒芜，士人之中，要么空谈性理，要么专心科举，对汉唐注疏全都弃置不谈。这时，"宗羲倡之于前，炎武继之于后"，读书人才知道学习经典。同时代的学者如阎若璩、胡渭、顾祖禹、惠周惕，后来者如王鸣盛、钱大昕、江永、戴震等，都闻风兴起，结论是二人"皆以胜朝之遗献，蔚为昭代之儒宗"，乃是苍天在明社将屋之时降生而为清朝开启文运之用，本朝对他们不能置之不论。

关于二人学术，陈宝琛称黄、顾二人"皆深入于宋儒而又能抉许、郑之精，刊贾、孔之误"，将他们塑造成融合汉宋的通儒。具体而言，黄宗羲传刘宗周之教，矫正阳明学之末流，以"慎独"为依归，顾炎武则与李光地相知，辩陆王之几微，而以朱子学为宗。看来，陈宝琛为黄宗羲找到的对标人物是刘宗周，分配给顾炎武的则是李光地。当然，这两位都已经入祀孔庙。

在一般的印象中，顾炎武固然对阳明学颇有微词，但肯定算不上正宗的朱子学传人。他的断言"古之所谓理学，经学也……今之所谓理学，禅学也"，对朱子学的冲击不可谓不大。那陈宝琛如何论证顾炎武"以朱子学为宗"呢？

康熙二十年(1681)，顾炎武在华阴为一座新建的朱子祠堂作了一篇《上梁文》。虽然这篇短小的文字对朱子推崇有加，在程朱与陆王之间顾炎武当然也更偏向程朱，但这座祠堂其实由华阴当地几位读书士绅主持修建，顾炎武只是被邀请写一篇场面文字的外地朋友，而他本人也肯定不是正统意义上的理学家。顾炎武一生经历丰富，著述宏多，这件事实在算不得什么大事，全祖望那篇详尽的《亭林先生神道表》就对此事只字未提，以顾炎武为传主的二十余篇传记中也只有《国朝汉学师承记·顾炎武》《国史儒林传·顾炎武》《国朝学案小识·昆山顾先生》寥寥三篇对此有所着墨。

为朱子祠堂写的这篇《上梁文》，在陆心源的《拟顾炎武从祀议》中就被拈出，此后，这座祠堂、这篇文章就在顾炎武从祀孔庙的过程中被作为顾氏"传授道统"的证据而反复强调,顾炎武作为朱学正统维护者的地位几乎全靠这件事来论证。不得不说,这种形象的顾炎武与朴学学者心目中的"汉学开山"距离颇大。

陈宝琛又指出,同治二年(1863)朝廷议论明儒吕柟、方孝孺从祀时,礼部引用了黄宗羲所著《明儒学案》及《师说》;《国史儒林传》收录了八十个人,而以顾炎武为首,可见二人的地位早已经过官方认证。但是,他们的价值不止如此:

> 方今世变所趋,士风渐敦,侥幸科举,废弃诗书,其或粗通训诂,则妄訾宋儒,略识时务,又迂视王道。人才之衰,肇于学术,若得宗羲、炎武二人树之风声,动其观感,使天下咸晓然于学问经济自有本原,理非空谈,功无速化,行己以有耻为质,读书以有用为程,则功名不贻气节之羞,而风俗可受师儒之益,其转移狡猾谅非浅鲜,盖不独有光学校已也。

陈宝琛所试图达到的目的,是通过将二人从祀孔庙而树立起士人的人格榜样,祛除"妄訾宋儒"和"迂视王道"的不良士风,特别是空谈经济、期待"速化"的思潮。可是换个角度来看,他希望通过将一两位先儒送进孔庙来树立榜样、改善风俗,是不是也是一种"速化"的期盼,会不会也将流于"空谈"呢?

二、 礼部、内阁反对从祀

光绪十年(1884)四月二十二日,军机大臣奉旨,将陈宝琛奏疏交礼部议奏,礼部行文江苏、浙江巡抚咨取书籍。经过一年多的等待,到次年八月,江苏、浙江才将黄宗羲所著书九种,顾炎武所著书五种咨送到部(在后来由李鸿章领衔的覆奏中,提到黄宗羲的著作《孟子师说》《易学象数论》《深衣考》《明儒学案》《今水经》五种,顾炎武的著作《左传杜解补正》《日知录》《天下郡国利病书》《音学五书》《石经考》五种)。

令人惊讶的是,礼部堂司各官对于顾、黄二人竟然十分陌生,翰林院掌院学士徐桐甚至不知道黄宗羲为何许人也。且看李慈铭《越缦堂日记》的记述:

> 马蔚林来,谓春间陈宝琛奏请以顾炎武、黄宗羲两先生从祀文庙,礼部堂司各官莫知谁何,纷纭至今。(原注:其疏初发钞时,一日,翰林掌院学士接见编、检诸官,朱蓉生往谒,闻掌院与诸学士及办事诸翰林言:"陈伯潜此疏甚奇,顾某尚有小板《日知录》一书,可备后场策科,黄某何人耶?"皆曰然。)今日尚书毕道远发愤谓诸司曰:"二人学问我所不顾,但以品行言,二人在康熙时皆不肯出仕,尚得从祀耶?"因掷还蔚林所呈《国史儒林传》曰:"我必驳!"

时任翰林院掌院学士的是徐桐；马蔚林即马彦森（光绪三年进士），时任礼部主事；朱蓉生即朱一新（1846—1894），时任翰林院编修。《凌霄一士随笔》谓："慈铭不慊于宝琛，日记中屡加轻诋。至谓道远'不识一字'，其骂人常用之语也。所云掌院学士，盖指徐桐，以于桐素执门生礼，故未显举其名。"

徐桐和毕道远对黄、顾从祀都表示反对，但各有各的理由。在徐桐的心目中，他们都不算什么大儒：顾炎武倒是有一部《日知录》，以小开本行世，里面有些议论，考科举的时候，虽然写八股文这些正经文章用不上，但写策论的时候可以参考参考，至于黄宗羲则根本没听说过。毕道远或者听说过两人的名字，但知道他们当年都不肯做本朝的官，自然也就不是什么好人，政治立场一票否决，从祀从何谈起。上级对于自己的知识能力如此自信，就算下属拿出《国史儒林传》这样的权威文本作为依据，也无济于事，顾、黄从祀的请求未能得到礼部和翰林院的支持。

有意思的是，在正式提交的驳回意见中，礼部尚书毕道远的真实想法却一字不见。礼部的覆奏首先举出同治二年（1863）的上谕作为依据，这份上谕要求各地慎重，"不得滥请从祀文庙"，如果确实有合适人选，也得将其人生平著作事迹整理后送礼部核查，并列举钦定书籍中引用若干条、论赞若干条，先儒引用若干条、论赞若干条。

紧接着，礼部列举了《四库全书总目提要》对二人著作的负面评价：于黄宗羲，覆奏引《提要》称其《孟子师说》"多阐发良知之理"、《易学象数论》"矫枉过直"、《深衣考》"变乱旧诂，多所乖谬"、《明儒学案》"欲抑王尊薛则不敢（当作"甘"），欲抑薛尊王则不敢……犹有胜国门户之余风"等等，于顾炎武，覆奏引《提要》称其"生于明末，喜谈经世之务，其说或迂而难行，或愎而过锐"、其《天下郡国利病书》"间有矛盾，编次亦绝无体例"、《音学五书》等"有附会泥古之处"等等。把这些评价集合在一起看的话，两人著述简直要不得。

礼部的结论是，二人"其生平学行亦仅著述家言，未有躬行实践"，从祀孔庙的请求不予支持。这个批评源自于道光九年（1829）关于李颙从祀孔庙的上谕："若仅著述家言，阐明心性，未有躬行实践，超越等伦……"云云，但如果从这个角度来看驳议中指摘黄、顾不能"躬行实践"的话，实在大有可议之处。因为两人身处易代之际，故国之思无时或忘，而且多方谋划，力图恢复，虽然没有陆秀夫、李纲那样显赫的事迹，但是与黄道周、刘宗周等无所轩轾。唯一不同的是，黄道周、刘宗周都在明清易代中殉国，黄宗羲、顾炎武则作为遗民继续生存，不知道这是不是毕道远反对的理由，然而孙奇逢也是遗民，也已经从祀孔庙，不知又如何解释——总之，支持或反对，很多时候只是一种情绪，未必都有道理可讲。

按照此时的程序，礼部议驳的意见要先送到内阁，征得大学士们的同意。自光绪十一年（1885）十一月一日起，内阁开始讨论二人从祀一案，《翁同龢日记》对讨论的过程有着详细的记载：

> 光绪十一年十一月初一日：是日会议黄黎洲、顾亭
> (林)两先生从祀孔庙。礼部具驳稿，余未画。(孙燮臣画)
>
> 初二日：盛伯羲来议顾黄从祀事，请伊属稿。
>
> 初三日：早再访伯寅，以伯羲语告之。
>
> 初四日：访伯羲未见，不知奏稿如何也。
>
> 初五日：到南斋与伯寅语，其时伯羲尚未送来折稿
> 也。燮臣入，乃将吾家人续送件携入。阅盛稿，极博赡
> 透快，乃与伯寅定议，我二人并孙子授、孙燮臣、龙芝生、
> 盛伯羲联衔同奏，并托伯寅至内阁，于礼部折内代写另
> 奏字。

孙燮臣即孙家鼐，盛伯羲即盛昱，伯寅即潘祖荫，孙子授即孙诒经，龙芝生即龙湛霖。综合《翁同龢日记》及《光绪朝东华录》的记述，可知礼部的驳稿在内阁引起了分歧，翁同龢率先拒绝在驳稿上署名，并请盛昱起草另外一个请准予从祀的奏折，决定由翁同龢、潘祖荫、孙诒经、孙家鼐、龙湛霖、盛昱联名上奏。可以想见，孙家鼐也撤回了在奏稿上的署名。

尽管出现了不同的声音，但是反对者仍是少数，礼部的奏稿仍由大学士李鸿章等会衔上奏："该学政请将黄宗羲、顾炎武从祀文庙之处，拟毋庸议"，不过因为二人"志节皎然，博赡通贯，足为闾党矜式"，所以应准其入祀乡贤祠，会衔者包

括除翁同龢等六人之外的大学士、六部九卿、翰詹科道共一百五十八人。这是在光绪十一年的十一月二十一日。

由潘祖荫领衔、翁同龢等六人联署的请求准予二人从祀的奏折也于同日上奏。从翁同龢日记可知，这篇奏折实由盛昱所撰。该文篇幅超出礼部驳议一倍有余，在回顾了孔庙从祀的历史之后，提出应予从祀的理由共有三大端：

第一，凡从祀先儒，本来应该是"博士弟子所从承学、转相授受之本师"，所谓"将习其道，各祭其师"，可惜后来请祀纷纷，已失本义，如今礼教昌明，应该恢复古法。

本朝经学发达，经师辈出，所有经典都各有专家演习，各有解经著述，堪称极盛，而推原本始，都要追溯到黄宗羲、顾炎武二人。举凡辨证古文尚书之伪、古音韵之学、天算、地理，"凡朴学之专门，皆该二儒之遗绪"，因此"道光年间，京朝各官特建顾炎武祠于京师，春秋祀事，直省学人咸为执事，迄今不绝，盖亦未有之创举矣。臣等以为，人心所在即定论所凭，各省名臣达宦实不乏人，何以区区独祀该故儒？"

第二，道光九年（1829）上谕提出的从祀标准是"学术精纯、经纶卓越"，咸丰十年（1860）的上谕则要求从祀先儒以"阐明圣学、传授道统"为断。查黄宗羲编订《明儒学案》，梳理明朝二百年学术升降之原，虽然出自刘宗周之门，但"于姚江末派痛予斥绝"，又编《宋元学案》，"只斥邪而扶正，不伐异而党同"，其中对朱子推崇备至。顾炎武不立讲学之名，却有行道之实，其论学之旨如"博学于文、行己有耻""今之理学，禅学也"都醇笃精实,没有嚣张之气、门户之私,称得上"学术精纯"。明末颜钧、何心隐、李贽等人束书不观,流为狂禅,败坏学术,明朝因之而亡,幸有黄宗羲、顾炎武兴起,"自二儒兴而禅学息矣,禅学息而朴学起矣",当得起"阐明圣学、传授道统"之目。

至于"经纶卓越",盛昱指出二儒皆以经济之学知名。例如顾炎武《日知录》对比了苏州与正定之粮额,正定辖五州二十七县,苏州辖一州七县,而苏州之粮三百零三万八千石,正定只有十万石,大小轻重差别如此之大,呼吁"后之王者审形势以制郡县,则土田以起征科,乃平天下之先务"。盛昱说,本朝减定"苏松浮粮及增设直隶州、改并州县"之议即源自顾炎武。顾炎武其他著作如《肇域志》《天下郡国利病书》名为舆地之作,实"与黄宗羲《明夷待访录》同为经济家必资之书","流传二百余年而读者犹思取法",并非空言经济者可比。如今"皇上缉熙典学,正当审辨学术以风示天下",二儒之从祀实在"系乎时政,而非徒滋议论者已"。——请注意,盛昱这里以无关痛痒的口气顺带提及的《明夷待访录》,二十年后将会成为舆论的焦点。

第三,针对礼部驳议所引《四库全书总目提要》,盛昱特别提出《国史儒林传》以对抗:

《钦定国史儒林传》于《黄宗羲传》内,称其"上下古今,穿穴群言,自天文地志、九流百家之教,无不精研",

又称宗羲之学出于蕺山，闻诚意慎独之说，缜密平实，于《顾炎武传》内，谓其"敛华就实，扶敝就衰"，又谓"国朝学有根柢，以炎武为最"，至篇末特笔，谓其在华阴云台观侧建朱子祠，则隐然以紫阳嫡派归之矣。

值得注意的是，礼部反对从祀的覆奏没有提到《国史儒林传》，显然是由于其中对顾、黄二儒只有揄扬而无贬抑，与奏折的论旨不能吻合的缘故，而翁同龢主张从祀的奏折则称顾炎武、黄宗羲"生平学行著于国史，彰于载记"，于《四库提要》不着一言。潘祖荫等以《国史儒林传》的褒扬，冲抵了《四库提要》的贬抑，显示出官方思想权威内部的歧异。

盛昱还对《四库提要》的批评作了解释："如谓《四库提要》中有一二纠正之语，随即寝议，此正不然。《提要》为叙录之体，意在解题，系专为一书而发，非是统论全书"。所谓"全书"，指的是一个人的全部作品，也就约等于这个人。这里的意思是，《四库提要》的体例只是对某本具体的书提出一些纠正意见，并不是对一个人整体思想的盖棺定论，比如那些已经从祀的先儒，《提要》对他们的著作也多有微词，如果"礼臣必据《提要》之辞，以为论定诸儒之案，即陆世仪等亦不应俎豆于两庑"，应当说这是很有说服力的论证。

最后，这篇奏疏顺带替陈宝琛的失误作了解释，以免授人口实："即如陈宝琛疏中有'宗羲倡于前，炎武继于后'二语，查二人生既同时，初无先后之分，学又异派，更无倡继之说,该学政措词偶误,臣等亦不曲为之讳,然因此而遂谓其不明学术,因并斥其所请之人,则固不可也。"可见,陈宝琛的措辞不当此时已经受人指摘,有可能影响到请祀的成功了。

准驳双方相持不下,最高当局难以定夺,只好又令"大学士、六部九卿、翰詹科道再行详议"。

光绪十二年(1886)二月初五日,翁同龢到内阁查询从祀一案,发现"内阁先出一稿,引上谕数条,未加出语,谓不得为躬行实践之儒云云,而洪给谏良品别出一稿,则诋黄学术不正,并及顾矣。"看来内阁的态度仍然是主驳。按洪良品(1826—1896)时任云南道监察御史,他"诋黄学术不正"的奏稿今已不见,也未曾正式上奏。

二月十五日,内阁会议黄、顾从祀一折,结论仍是驳回,由大学士额勒和布领衔上奏。奏疏承认潘祖荫等人的良苦用心,但结论仍是二人"笃信好古则有余,纯粹以精则不足",维持礼部的驳回意见,仅准入祀乡贤祠。内阁的奏疏没有提出任何新的论证,只是引用了几份要求严格控制从祀人数的上谕,称本朝如黄宗羲、顾炎武者所在多有,如果予以从祀,后来者将逐渐推广泛滥。

主驳者如此,主从者也已经好话说尽。同日,翁同龢与潘祖荫、孙家鼐、孙诒经、周家楣、盛昱、龙湛霖七人再次联衔上奏请准。翁同龢日记中说,这份奏折也只是"申前折语"。查中国第一历史档案馆所藏原奏,确实也只是重复此前的论调,无怪乎实录和《光绪朝东华录》中都没有收录。同一天,内阁学士兼礼部侍郎衔尚贤、太常寺少卿徐致祥也各有一折请准，同样，也只是增加了主从者的数量。

决定来得非常快。当日奉上谕：

> 兹据额勒和布等仰稽列圣典谟，参考廷臣议论，请照礼臣原奏议驳等语，黄宗羲、顾炎武即著毋庸从祀文庙，仍准其入祀乡贤，以重明禋而昭矜式。

此次黄宗羲、顾炎武从祀孔庙的请求终以失败而告结束。

关于此次请祀的结果，《清史稿·孙家鼐传》说："江西学政陈宝琛请以先儒黄宗羲、顾炎武从祀文庙，议者多以为未可，家鼐与潘祖荫、翁同龢、孙诒经等再请，始议准。"《清史列传·孙家鼐传》也说："家鼐与潘祖荫、翁同龢、孙诒经等独请旨准行，比仍议驳，后卒从家鼐议。"揆诸上述史实，两者的记述显然是错误的。不仅如此，事实上到了光绪末年，孙家鼐反而成为三儒从祀最大的阻碍力量之一，"卒从家鼐议"云云，是不足为据的。

胡思敬《国闻备乘》在记述这次争论的时候说："是时朝臣分南北两党，北党主驳，以李鸿藻为首，孙毓汶、张之万、张佩纶等附之。南党主准，以潘祖荫、翁同龢为首，孙家鼐、孙诒经、汪鸣銮、李文田、朱一新等附之。"

这里"南党"的名单应当来源于支持者所上的几份奏折。

查中国第一历史档案馆所藏军机处录副档案,除陈宝琛的原折之外,主从的奏折共有如下几份:

(1) 光绪十一年十一月二十一日,《请将故儒黄宗羲、顾炎武从祀文庙折》,列衔者:署兵部尚书潘祖荫、工部尚书管理国子监事务翁同龢、户部左侍郎孙诒经、户部右侍郎孙家鼐、通政使司通政使周家楣、国子监祭酒盛昱、左春坊左庶子署国子监祭酒龙湛霖、国子监司业奎明、右春坊右中允署国子监司业陈秉和。

(2) 光绪十二年二月十五日,《遵旨会议黄宗羲等从祀文庙由》,列衔者:户部尚书翁同龢、工部尚书潘祖荫、署吏部左侍郎通政使司通政使周家楣、户部左侍郎孙诒经、户部右侍郎孙家鼐、国子监祭酒盛昱、署国子监祭酒龙湛霖。

(3) 光绪十二年二月十五日,《遵旨会议黄宗羲等从祀文庙由》,列衔者:内阁学士兼礼部侍郎衔尚贤、内阁学士兼礼部侍郎衔汪鸣鸾、翰林院侍讲学士李文田、翰林院侍讲学士梁廷枢、翰林院侍讲学士恽彦彬、詹事府左赞善署国子监司业臧济臣、陕西道监察御史朱一新。

综合这三份奏折的列衔情况,可知主从者以翁同龢、潘祖荫为首,盛昱、孙诒经、孙家鼐等人附之。另据《越缦堂日记》,主从者尚有李慈铭与马彦森。在这个阵营中,除盛昱与尚贤为旗人外,其余均为南方人。另外,光绪十一年盛昱任国子监祭酒时,翁同龢任工部尚书、管理国子监事务,二人关系密切。他进入主从阵营,可能与翁同龢有关。

　　反对的奏折有两份,其一是光绪十一年十一月二十一日,由大学士李鸿章领衔的《会议先儒黄宗羲等从祀文庙由》,其二是光绪十二年二月十五日,由大学士额勒和布领衔的《遵旨会议先儒黄宗羲、顾炎武从祀文庙折》,由于从祀事件须由大学士、六部九卿等会议,所以列衔的包括中央政府全部主要衙门的主次首长。所不同的是,前折列衔的是除潘祖荫等另折上奏之外的大学士及六部、都察院、通政使司、大理寺的全体堂官共五十一人,后折列衔的除大学士六部九卿之外,还包括内阁、翰林院、詹事府的属官与六科给事中、各道监察御史,人数竟达到一百五十八人之多。自然,其中大部分人都不过是随班签字,例行公事而已,真正主其事的,只不过是少数几个人。

　　根据目前掌握的材料,确切可知的持反对态度的有吏部尚书徐桐、礼部尚书毕道远,徐桐汉军正蓝旗人,毕道远山东淄川人,二人都是北方人。当时政局确实有南北两派的分争,北党以李鸿藻为首,南党以翁同龢为首,从祀孔庙虽无关于国家实际利害,却是各地荣誉所关,实在是南北党争的好题目。但是前引胡思敬的记述说主驳一派即是北党,"以李鸿藻为首,孙毓汶、张之万、张佩纶等附之",这个说法得不到档案的支持。

　　不过有个小细节值得注意:詹事府左赞善、署国子监司业臧济臣的名字居然同时出现在同一天上奏的两份意见针锋相对的奏折中,即光绪十二年二月十五日由额勒和布领衔的议驳奏折与由尚贤领衔的请准奏折中。臧济臣是山东诸城人，但时任国子监司业，是翁同龢的下属。既不愿开罪上司，亦不背地域上的攀缠，也许是他采取这种依违态度的苦衷。

三、 一场错乱的争论

此次请祀始于光绪十年(1884)三月二十四日，终于光绪十二年(1886)二月十五日，尽管当时正值中法战争，从祀事务仍然引起了广泛的争论。不过，通观争论的过程，却给人以强烈的错乱感。

首先，是一些高官的认知出乎意料。翰林院掌院学士、清廷最高学术官僚徐桐不知道黄宗羲是谁，还认为《日知录》就是科举考试辅导书的水平。徐桐并非无学之人，只是他笃守程朱，是个坚定的正统派，而顾炎武是考据学宗师、黄宗羲出于阳明一系，因此而难入他法眼。礼部尚书毕道远不谈学问，只看品行，仅凭黄宗羲、顾炎武不与清朝合作，就判定他们品行不佳。这种看法即便放在清廷的立场上，也只能算是一种低水平的政治正确，因为表彰遗民气节以激励臣下本来就是乾隆帝所大力提倡的文化政策。提出黄宗羲、顾炎武从祀呈请的江西学政陈宝琛分不清黄、顾之间的时代关系，奏折中出现了"宗羲倡之于前，炎武继之于后"这种史实性的"硬伤"，以至于李慈铭在日记中甚至说，黄宗羲、顾炎武固当从祀,但从祀之请出于无学之陈宝琛,简直就是二人的耻辱。

其次,主张将顾炎武、黄宗羲从祀孔庙的人极力将他们打扮为道统继承人,结果令他们所描述的二位先儒大失其本来面貌。在支持者口中,顾炎武成了朱子学的嫡派传人,黄宗羲也成了王学末流的反对者,这些判断未见得全错,但绝不是二人的主要面目。在反对者笔下,二人又成了学问"纯驳互见"的普通学者,与清代大批涌现的学问专门家无甚区别。

第三,表面上主从、主驳双方长篇大论、你来我往,各自提出复杂理由,但真正的动机却异常简单。政治偏见决定了礼部尚书的个人态度,礼部尚书的个人态度主导了礼部的官方意见,礼部的官方意见顺理成章地得到内阁的支持,内阁的支持当然很容易就变成最高统治者的最终决定。然而在正式的奏疏中,对黄宗羲、顾炎武的政治立场却未有一字质疑,甚至连表彰气节的话也极少,只有潘祖荫领衔的覆奏在称赞二人经世之学的时候附带提到他们"身丁末运,心在胜朝,自不能奋迹昌期,各抒伟略"云云,大家都在努力回避敏感的政治话题。

既然反对者的真正态度早已决定,双方的争论也就沦为文书往来和文字游戏。比如礼部的驳议以二儒未能"躬行实践"为言,翁同龢等人就对此深致不满,特别指出二人"皆原本忠孝,实事求是,一洗明季空谈心性之敝",而"礼部原奏议驳,有该故儒'仅著述家言,未有躬行实践'之语,臣等固不敢

矫同立异,致涉纷争,亦不敢疵议先儒,随声附和",随后由大
学士额勒和布领衔的再次覆奏只好改口称两人"笃信好古则
有余,纯粹以精则不足"了。但这两句话仍然给支持者留下
了把柄。潘祖荫、翁同龢等人再次上疏,针锋相对地提出,就
连孔子平生自任,也不过是"信而好古""好古敏求",而孔子
所谓的"古",正是尧舜以来相传之道统,礼部既然称该二儒
为"笃信好古",恰好证明了我方观点。类似这种讨论,与其
说是对先儒贡献的探研,不如说是力求言词胜过对方的
辩论。

不过,尽管有这么多的无效辩论,此次请祀仍然是清代
第一场围绕从祀而展开的大规模论争。朝堂上的交锋表明,
即便是统治精英内部的思想世界也已经开始分化了。

四、 游酢从祀孔庙

与此同时,朝廷仍在继续将理学先贤送入孔庙。光绪十
七年(1891),福建学政沈源深等就成功将宋儒游酢从祀
两庑。

游酢(1053—1123),字子通,后改定夫,号广平,世称廌
山先生,建州建阳(今属福建南平)人,二程弟子。"程门立
雪"就是他和杨时两人留下的佳话。

游酢从祀的公文未见完整保存,不过中国第一历史档案
馆所藏大学士九卿议覆奏折(同时收入《李鸿章全集·奏议

（十四）》》中提到"该绅士等以杨氏以下诸儒多从祀庙廷，游氏独阙"等语，则此次请祀也是由地方士绅发起，自下而上逐级呈请的。

请祀的理由，可以用议覆奏折中的话来概括："游酢有程颢、程颐为之师，有杨时、谢良佐辈为之友，有朱子采其著述"，又有本朝钦定经说著录其说，自应予以从祀。奏疏反复强调"游、杨并称"，又说游酢与谢良佐、杨时、吕大临号为"程门四先生"，其中谢良佐、杨时均已从祀，理由相当充分。

光绪十八年（1892）九月初九日的覆奏由大学士、直隶总督李鸿章领衔，除兵部右侍郎、福建学政沈源深系原奏大臣不应列名之外，列名者包括所有其他大学士、六部九卿共五十九人，建议准予从祀，位在西庑杨时之次。

覆奏递上，上谕除了允准以外，还罕见地发挥了一通：

> 上谕：内阁、礼部等衙门议覆福建学政沈源深奏请以宋儒游酢从祀文庙一折。宋儒游酢清德望重，在当时已与程朱诸贤为人心所共推重，所著《论语杂解》《中庸义》《孟子杂解》《易说》《诗二南义》等书足以阐明圣学、羽翼经传，其生平出处，史传昭垂，允为躬行实践，宜膺茂典，俾列官墙。游酢着从祀文庙，位在西庑杨时之次，以崇实学而阐幽光。

就在三年前,慈禧太后结束垂帘听政,光绪帝亲政。这几年,他在翁同龢等人的辅佐下正在励精图治,渴盼有所作为,上谕如此认真,也反映出他的勤政。翁同龢在光绪十八年九月初十日的日记中特意记下一笔:"昨日会奏宋儒游酢从祀文庙,奉谕一道",小字注:"前此诸儒从祀,均批'依议'",语气中透出意外之感,可见这道上谕就是光绪帝本人的心裁。

孔祥霖请祀王夫之

一、"于圣学之体用固有如是之兼赅者"

光绪十七年(1891)八月,湖北学政孔祥霖(1852—1917)课试两湖书院,在此书院肄业的湖北优贡生王葆心、湖南廪生蒋鑫向他递送条呈,请其疏奏王夫之从祀孔庙。

蒋鑫后来寂寂无名,王葆心(1867—1944)则是近代史上的有名学者。他于光绪二十九年(1904)中举,清末曾任学部主事、礼学馆纂修,辛亥以后任湖南省官书报局总纂、北京图书馆总纂、湖北国学馆馆长等职。1927年国民革命军北伐,湖南学者叶德辉被民众捕去,随即以"帝制嫌疑"遭处死,北京谣传王葆心也死于非命。有人认为,二人的死讯直接导致了王国维的自杀,如梁启超在家书中就说:"王葆心是七十岁的老先生,在乡里德望甚重,只因通信有'此间是地狱'一语,被暴徒拽出,极端棰辱,卒致之死地。静公深痛之,故效屈子沉渊,一瞑不复视。"——其实王葆心未死,次年还担任武汉大学教授,晚年出任湖北通志馆总纂等职,至抗战末期方才去世。

不过这都是后话。这时的王葆心还只是二十多岁的年轻人,他和蒋鑫递上的呈词首先指出王夫之在明清易代之际的政治道德表现。他们说,明末张献忠占领衡州时,挟持王夫之的父亲为人质,要挟王夫之出来做官,王夫之面临两难,不去为不孝,去则为不忠。结果他刺伤身体,令人将自己抬去,以示不可用。清朝定鼎,湖南巡抚郑端令地方官馈送粟帛致意,王夫之以病辞。吴三桂起兵,有人让王夫之写劝进表,他逃去不为,如此事迹,堪称"德行纯全"。相较于郭嵩焘对王夫之政治表现的避而不提,此时王葆心等人更愿意将政治气节作为从祀孔庙的首要理由。

呈词接下来进入学术部分。王葆心等人在曾国藩的基础上更进一步,将王夫之描述成融合考据与义理的通儒:"儒生之习,或务考据而略义理,或谈性命而鲜敷施,夫之辩《易图》之凿,排纬书之妄,考名物、训诂、音韵以正《诗集传》之疏,修时享仪节以补三礼之缺,皆为后儒导厥先路。"在从祀孔庙的语境下,"考据"与"义理"也只不过是"传经"与"传道"的另一种表述。

王葆心等人提到的船山著作,首列"宗朱子而黜异说"的《大学衍》《中庸衍》,次及《周易内外传》《读四书大全说》及经《四库全书》采录或存目的《周易稗疏》《书经稗疏》《诗经稗疏》《春秋稗疏》《尚书引义》《春秋家说》,这与郭嵩焘的选择如出一辙。所不同的是,王葆心等注意到了王夫之的经世之学,可是举出的著作却与后世的印象相距甚远:"其注《礼记》

数十万言,幽以究民物之同原,显以纲维万事,又经世之书也。"《船山遗书》所收王夫之注《礼》的著作,只有《礼记章句》四十九卷。这句话应当来源于曾国藩《船山遗书序》:"船山先生注《正蒙》数万言,注《礼记》数十万言,幽以究民物之同原,显以纲维万事,弭世乱之未形。"王葆心所谓"经世",大约脱胎于曾国藩所说的"弭世乱之未形"。

延续了郭嵩焘请祀王夫之时的竞争色彩,王葆心等人将为王夫之争地位看作是为张载争地位。他们说,宋学号称濂、洛、关、闽,即周敦颐、二程、张载、朱熹,这是理学正统,但是"从周、程、朱游者,类多升主配食,彬彬一堂",只有张载,"弟子既鲜赫著,私淑又旷代无人",门庭非常冷清。只有王夫之"远绍绝业,注《正蒙》数万言,发明张子论仁之旨,以明人伦,以察庶物,而合《西铭》所谓同胞同与者",所以,"八百余年继横渠者,夫之一人而已"。如果王夫之能够从祀两庑,不惟船山跻身于道统之列,而且横渠之学亦得以发扬。

光绪二十年十二月初九日(1895年1月4日),孔祥霖上疏奏请,将王葆心、蒋鑫的原录抄呈,同时也陈述了自己的意见,请求"饬部核议,可否以遗儒王夫之从祀文庙",并将"船山之遗书尤精邃者二十七种计一百九十八卷"咨送礼部。为了凸显船山之学的意义,孔祥霖又对横渠之学及其历史命运作了一番发挥:

考夫之学本张载。张氏以《易》为宗，《正蒙》一书皆补阐《太极图说》天人相契之理，假使信从者众，其教大昌，童蒙之志皆正于初，彼阳儒阴释之说，必不能乘间而张其帜。惜张子隐居独处，莫为羽翼，其书又词奥意微，未易窥其涯涘，故道不甚显。后有贤知之过者，遂别立宗旨，而弃实逐虚之敝兴，至明极矣……若夫之者，当学术庞杂之余，独守学以待来者，其功不在唐韩愈、元赵复下。观其注释《正蒙》与《思问录》内外篇，凡张子引而未发之义，皆疏通证明，使学者有所折衷，关学之传，此其嫡派乎！

孔祥霖为了强调王夫之的地位，在视夫之为关学嫡派之后，不惜将后世学术的庞杂全归因于横渠之学的隐而不显。在他的笔下，理学宗师与从祀先儒结成了同盟，成了一损俱损、一荣俱荣的"声望共同体"。

王葆心等人从学于两湖书院，或许是为了避免阿私本乡先儒的嫌疑，呈词中没有提及王夫之与湖南士人集团崛起的关系。孔祥霖是山东曲阜人，圣人后裔，没有这种思想负担，他的奏折就大谈船山之学对湘省士人的影响。如果说郭嵩焘只是单纯地从思想文化角度立论，将王夫之作为构建湖湘文化的重要符号之一，那么到了孔祥霖，则将王夫之的文化贡献与湖湘人士的政治事功联系在一起："咸同之际，中兴将帅半湘省儒生，其得力夫之之遗书者居多。盖夫之知明社之屋，前由武备之废弛，后由兵谋之未娴，故于历代兵事辩之綦

详,湘人服膺其书,多明将略,出典戎机,遂能削平大难。是
以朱迺然创立船山书院,讲明夫之之学,彭玉麟踵事改建,自
称亲读其书、私淑其人,而后闻风兴起,正未有艾。是夫之固
前明之遗老,亦我朝之功臣。"

其实邓显鹤校勘的《船山遗书》流传极少,王夫之著作的
广为人知,还在1865年曾国荃刊刻《船山遗书》之后。其时
太平天国战事已经结束,"中兴将帅"的事业已告大成,孔祥
霖所谓"其得力夫之之遗书者居多"只不过是夸张之辞,而将
湘人的"多明将略"归功于王夫之的兵论,则更属一厢情愿的
想象。可是,这种由后人有意构建出来的文化与政治的关
联,却是强化湖湘士人群体"道器合一"形象的重要一环:它
不仅将政治上的风云际会解释成思想文化的长久积淀,也赋
予先儒学说以可见的现实功用。"世路上英雄"同时也是"吾
学中儒者",这正是儒家的人格理想。自然,这种形象是通过
长期的一系列举措才奠定的,但此次从祀过程中所表现出来
的对王夫之形象的再造,特别是对王夫之与湘籍将相关系的
构建,无疑应在这一进程中占据重要地位。

在王夫之的政治作为方面,王葆心等人还只是说王夫之
如何不与"反贼"、不与新朝合作,属于消极的一面,孔祥霖则
详细开列了王夫之在南明政权中的积极作为:"夫之身丁末
运,忧愤从王,凡有规画,动关兴亡大计。督师何腾蛟、堵允
锡不相能,夫之上书章旷,请和两军以防溃变,弗听,卒至覆
败,有料事之明。三劾王化澄,引救忠直,濒死不顾,有敢言

之勇。及事不可为,退游郴、永、涟、邵间。"他对王夫之的遗民身份并无回避,谓夫之"固前明之遗老,亦我朝之功臣",完美解决了王夫之究竟是"明儒"还是"清儒"的问题。

不同于郭嵩焘仅关注王夫之的经学作品,孔祥霖特别指出两部史论《读通鉴论》《宋论》在船山遗著中的重要地位:"至所著史论,具上下古今之识,指陈历代之兴衰治乱,严尊攘、斥党援,深切著明,使读者悚然引为法戒,更以之师千百世而有余。"最后,孔祥霖的论述仍然归结到"现实意义"上:

> 今者海疆有事,异教潜兴,补救之方,惟在培养人材,出膺艰钜。则奖真儒而昭崇报,使天下咸晓然于圣学之体用固有如是之兼赅者,以正人心,以扶士气,当今急务,无过于此……伏念夫之学行,实足上接真传,有资实用,潜德幽光,不容终闷。

孔祥霖上疏之时,中日甲午战争正如火如荼。"传经""传道"固然重要,但更重要的是要能够"有资实用"。所谓"体用兼赅",请祀者所强调的是"用"而不是"体"。对比前引郭嵩焘的奏折,对待先儒的实用主义色彩大大加强了,陈宝琛批评过、却又身在其中的"速化"期待,在孔祥霖这里直白地表达了出来。

光绪二十年十一月二十五日,朱批:"礼部议奏"。不过,此前礼部已经积压了一份从祀呈请:"陕西学政黎荣翰奏请宋儒吕大临从祀孔庙"。

二、"未足当阐明圣学、传授道统之目"

游酢从祀成功以后，"程门四先生"就只余吕大临了。吕大临(1044—1091)，字与叔，号芸阁先生，陕西蓝田人。从学于程颐，无意仕进，是关中理学的重要人物。孔祥霖的奏疏递上以后，礼部就将王夫之与吕大临一并考虑了。

光绪二十一年(1895)六月十五日，内阁会议从祀事项，是日翁同龢日记载："至内阁大堂会议从祀两庑：吕与叔、王船山，吕准、王驳"。语气平静，看来他对这个结果并无意见。

到七月十一日，大学士李鸿章领衔同时递上两份奏疏，一份是准予吕大临从祀孔庙的，一份是否决王夫之的。准予从祀奏疏由大学士及六部九卿列名覆奏，否决的奏疏只说是礼部主稿。

吕大临因为有"程门四先生"名头的加持，以及另外三先生已经从祀的比照，从祀的理由相当充分。原奏、覆奏无非将引用、论赞都胪列一番，请予从祀，位在东庑宋儒谢良佐之次。议覆奏折递上，光绪帝依然拟了一道谕旨，虽然谈不上有若何高深见解，毕竟态度认真，已经超越前此数代帝王。

驳回王夫之的覆奏也必须提出理由。这份覆奏回避了孔祥霖所提出的船山直接横渠道统的说法，指控王夫之"攻驳朱子"，作为他不足称"传授道统"的证据：

即如《读四书大全说》及《四书稗疏》两书,颇多攻驳朱子之处。《读四书大全》内于《章句》《或问》,或曰"朱子之说疏",或曰"有病",或曰"有疵",《四书稗疏》内于《章句集注》所解字句、名物、制度、地理驳斥尤多……若《章句集注》,朱子自言屡经改定,老而不已,古今久为定论,国朝颁之学官,用以取士,讵可轻议!

攻驳朱子即是有违朝廷功令,有违朝廷功令即不能谓之"传授道统",这是此篇覆奏的逻辑。不仅如此,覆奏还举王夫之所著《老子衍》、《庄子解》、《庄子通》、《三藏法师八识规知》(当作《三藏法师八识规矩论赞》)诸书,称其"将毋近于张子《正蒙》所谓'儒佛老庄混然一途'",这是反用王夫之承继张载的说法,以子之矛、攻子之盾。此外,王夫之还有"《潇湘怨》《愚鼓辞》《龙舟会》杂剧等书,多缘感愤,间涉游戏,更不得谓为无疵",所以在"臣等公同核议以后",认为王夫之虽然"志行贞白,著述宏博",但是"学问尚未能尽臻醇粹","未足当阐明圣学、传授道统之目"。

此外,请祀的奏疏中大段引用"先贤名臣之论赞":

乾嘉以来,硕儒名臣类有论赞:段谔廷称其"集汉宋之大成";唐鉴作《国朝学案》,列入"翼道";邓显鹤序刊《遗书》,称其学"以汉儒为门户,以宋五子为堂奥,议论精卓,践履笃实,粹然一轨于正";曾国荃增刊《遗书》,其兄国藩序称"深闵固藏，以求所谓育物之仁、经邦之礼，穷探极论，千变而不离其宗"；至于吴廷栋以正学受文宗显皇帝之知，与夫之尤有默契，评其遗书，有曰："先生追踪横渠而深契程朱心源，每因一事一言隐探道要，人读其《通鉴论》，或疑其偏粗矣，即谓其借古以抒忠愤，亦犹浅也，非得程朱心源，不能折衷其用意离合也。"是夫之见推于时贤，又极其至也。

礼部的覆奏则绕过这些话，摭取《四库提要》中的批评，称"臣部曾查取《钦定四库全书提要》著录王夫之各书，如《春秋家说》一种，则谓其攻驳胡《传》而弊与胡《传》等……其《尚书引义》一种，则谓其多臆断之词"，其他各种已采入之书也"亦有穿凿"，至于未经《四库》采入的各种著述，"皆不免纯驳互见"，既然《四库提要》多所纠绳"，自然"未足当阐明圣学、传授道统之目"，何况"前大学士曾国藩序其《遗书》，亦称'著述太繁，醇驳互见'"，因此予以驳回。

主从与主驳的双方，在王夫之是否有当于"道统"的问题上，基本上是各说各话：孔祥霖提出的是学派的传承，礼部依据的则是著述的醇驳；孔祥霖提出的是士人公论，礼部依据的则是钦定书籍。不过，在甲午战事的阴影下，此种"不急之务"引不起太大波澜，只经过一个回合就偃旗息鼓了。

在理学的语境下，王夫之确实不如吕大临"纯粹"。礼部和内阁厚此薄彼的选择可谓顺理成章。

赵启霖请祀王夫之、黄宗羲、顾炎武

一、 孔庙历史上最后一次升格

几次请祀及其失败除了在一些读书人心中造成过波动，没能引起更多涟漪。清朝的历史在艰难中继续向前滚动。自孔祥霖请祀王夫之以来，《马关条约》、百日维新、义和团运动、庚子事变、清廷"西狩"及还朝、宣布新政相继占据了时代舞台的中心位置。光绪三十一年，即公元1905年，清廷根据袁世凯、张之洞的奏请，又做出一项重大决定：停止科举考试。

科举制度的废除，不惟是选官方式的重大变革，更是学术思想领域的巨变，儒家经典不再悬为功令，各类学堂教授的又主要是各种源于西学的"时务"，这种情况很自然地引起对于中国文化沦亡的担忧。

废除科举制的提议人已经想到了这个问题。袁、张的奏折中提到废除科举之后的"切要之办法数端"，第一条就是"首经学"。他们说，科举时代看上去重视经典，其实习举业之人未必都真的研习经典，只不过是考试题目所在，不得不背诵经文而已。现在虽然停止科举，但新订的学堂章程中，无论小学、中学都限定了读经、讲经、温经的具体时间，不准减少。算起来，中学生一共要读过十部经典、能通大意，才能顺利毕业，再往上的大学堂、通儒院都设有经学专科。言下之意是，新制度要比科举时代更加重视经典。

第二年，学部奏请明定教育之宗旨，宣示天下，其中称"中国政教之所固有，而亟宜发明以距异说者"有两种，一是"忠君"，一是"尊孔"。对于尊孔，学部认为，自从西方学说在中国传播以来，人们往往误认为西方人主张进化，因此事事舍旧从新，以至于狂谬之徒轻视儒教。其实孔子不但是中国万世不祧之宗，也是五洲生民共仰之圣，所以无论大小学堂，都应该把经学作为必修科目。大家从小接受正学的熏陶，成年以后自然不会走上邪路。

学部宣布"教育宗旨"以后，呼应者不乏其人。学部行走、刑部主事姚大荣上疏说，西方国家君主继位之时，首先就要宣布信教誓词，与国民约定宗教一统，原因在于这些国家之人心以宗教为"主位"，主位一定，则百变不离其宗。我国虽然名为尊孔，但视孔子如在"宾位"，孔庙祀典仅列为中祀，十分不妥。姚大荣建议，将孔庙祭祀规格提升为大祀，以实行他所说的"尊孔主义"。

清初定制，以圜丘（祭天）、方泽（祭地）、祈谷、太庙、社稷为大祀，天神、地祇、太岁、朝日、夕月、历代帝王、先师（即孔庙）、先农为中祀，先医等庙、贤良、昭忠等祠为群祀。乾隆中,改常雩(祈雨)为大祀,先蚕为中祀。大祀由天子亲祭,天子有故才遣官告祭,是规格最高的祀典。姚大荣的建议很快得到批准,清朝给了孔子最高的尊荣,也是孔庙历史上最后一次升格。

江苏道监察御史赵启霖看到孔庙升为大祀的消息,遂提出奏请,请求将王夫之、黄宗羲、顾炎武从祀孔庙。时在光绪三十三年(1907)正月二十八日。

二、 三儒从祀最终定论

赵启霖上奏之后,朝廷照例诏由礼部议奏。礼部奏请按照新政中出台的《会议政务章程》,由各部衙门开送说帖,将三儒应准应驳之处详细说明。这跟之前先有礼部提议、再由内阁会议、最后大学士六部九卿联合上奏的程序有了重大区别。

《会议政务章程》颁行于光绪三十年十二月十五日(1905年1月20日)。日俄战争之后,立宪呼声日甚一日,户部侍郎戴鸿慈建议,如遇内政外交重大事项,可由政务处召集大学士、六部九卿、翰林科道定期会议。在当时人看来,这项制度颇有议院会议之精神,虽然还谈不上立宪、开议院,至少可以算是一种准备。用今天的话说,算是议院的"平替"。经过一番折冲,清廷颁布了《会议政务章程》七条:

一、奉旨会议事件，实任四五品京堂科道皆与议。

二、内政外交，建革之大，疑难之端，由各该衙门审度重轻，临时请旨会议，或特旨举行。其事关秘密紧急者，廷臣仍免干预。

三、会议应速覆奏之件，限十日。一时难决者，酌展限。

四、与议臣工，具说帖交政务处，汇择具奏。

五、事关何省者，由政务处知照该省较崇京官，传同乡具说帖转送酌核。

六、初议未定，再定后期。其莫衷一是者，由政务处酌核奏请办理。

七、翰林院讲读以下及各部司员说帖，由掌院堂官择可行者送核。

与戴鸿慈的建议相比，正式版本的《会议政务章程》有两点区别值得注意：第一，戴鸿慈建议内政外交重大事项均需会议，《章程》则仅限于"奉旨会议事件"，要不要会议，须请旨决定；第二，戴鸿慈希望的会议是大臣齐聚政务处，当面讨论，《章程》则规定参与会议的大臣出具书面意见即可。两相对比，大打了一个折扣。

一个多月后，朝廷迎来第一件会议事务：礼部问，第二年的顺天乡试及后年的会试，究竟要仍然借用河南贡院呢，还是斥资修复京师贡院呢？上谕交廷臣会议，最终统计收上来的意见,主修京师贡院者共七十二件,主修京师贡院、仍暂借河南贡院者共十九件,主借河南贡院、不修京师贡院者共二十九件。结果,政务处建议了一个折衷方案:一边借,一边修。但会议的结果只供参考而已。

从祀事项与科考事务的共同点在于,它们都包含士大夫阶层之"私"的一面,将这类事务交去会议,大家尽可争吵,真正事关国计的大政,反而未必有这样的机会。所以礼部关于会议顾、黄、王从祀孔庙的建议一提出,上谕立刻允准。

会议的结果是,各部堂官司员等开送的说帖一共二十六件,其中主张应将三儒一并从祀者二十一件,未置可否者一件,主驳者四件。

认为可以将三儒从祀的二十一份说帖的署名分别是:

(1)吏部(吏部尚书陆润庠执笔);

(2)民政部尚书肃亲王善耆、左侍郎毓朗、右侍郎赵秉钧(民政部右参议吴廷燮起草,署右参议汪荣宝参定);

(3)法部尚书戴鸿慈;

(4)法部左侍郎绍昌、右侍郎张仁黼;

(5)农工商部(农工商部丞参上行走道员袁思亮执笔);

(6)总管内务府大臣奎俊、继禄、增崇、庄山,上驷院卿英瑞,武备院卿文煦,奉宸院卿书正;

(7)都察院都御史陆宝忠、副都御史伊克坦、副都御史陈名侃;

(8)大理院正卿张仁黼、少卿刘若曾;

（9）内阁中书王崧策；

（10）内阁中书马士杰；

（11）翰林院庶吉士章梫；

（12）掌河南道监察御史惠铭；

（13）京畿道监察御史崇兴、掌京畿道监察御史成昌、掌京畿道监察御史吴钫、京畿道监察御史沈潜；

（14）掌浙江道监察御史俨忠、王步瀛，掌云南道监察御史宗室荣凯、蔡曾源；

（15）掌江苏道监察御史贵秀、掌安徽道监察御史宗室瑞贤、掌安徽道监察御史叶在琦；

（16）度支部福建司郎中闵荷生；

（17）陆军部主事吴以成；

（18）陆军部主事裘冕群；

（19）法部主事王之范；

（20）学部（学部左丞乔树枏执笔）；

（21）奏调邮传部翰林院庶吉士章梫。

未置可否的一份说帖署名：

顺天府。

主驳的四份说帖的署名分别是：

（1）理藩部尚书宗室寿耆、左侍郎堃岫、右侍郎恩顺；

（2）内阁中书王在宣；

（3）礼部郎中龄昌；

（4）法部主事梁广照。

自然,这个结果也不具约束力。

礼部先由左侍郎张亨嘉(1847—1911)起草覆奏稿,主张将三儒一并从祀,并请大学士张之洞为之修改润色。不料随后张亨嘉丁母忧去官,这个稿子就被搁置了下来。不过,张亨嘉即使在守制期间,仍然十分关注从祀事件的进展。《石遗先生年谱》记载:"(三儒从祀)吾乡张燮钧侍郎主之甚力,而适丁内艰,不得与闻其事矣。广雅往吊,张侍郎稽颡谢吊后,重稽颡曰:'从祀事,惟赖世叔主持。'"此后张之洞力主三儒从祀,固然与他的一贯主张相符,可能也与张亨嘉的托付有关。

张亨嘉去后,礼部另由仪制司郎中吴国镛(光绪十二年进士)拟稿。吴国镛的拟奏请祀顾炎武、王夫之,而以《明夷待访录》中《原君》《原臣》二篇不合君臣大义,主张不应入祀黄宗羲。这篇拟奏十分冗长,竟达八千余字,礼部右侍郎郭曾炘为之删节大半,语气也改得较为和缓,并将驳斥黄宗羲从祀改为请旨定夺。当这个稿子送到内阁会议时,却发生了戏剧性的变化。《三儒从祀录》曹元忠按语:

> 及送内阁,于大学士、各部尚书、都察院会稿日,吏部尚书陆润庠、邮传部尚书陈璧、都察院副都御史陈名侃已画诺矣,而大学士世续、张之洞、外务部尚书袁世凯后至,出说帖,略谓宗羲《明夷待访录》亦本《孟子》"君之视臣如草芥,则臣视君如寇雠"等语,不当黜其从祀而罢。

胡思敬《国闻备乘》"三先生崇祀"条对这次会稿的过程也有记载,细节略有出入,大体情节不差,可以证实曹元忠的记述:

> (礼部)拟稿准顾、王驳黄,通行六部九卿大臣诣内阁会衔。邮传部尚书陈璧先画诺,吏部尚书陆润庠、都察院左副都御史陈名侃继之,画未竟而张之洞遣使持说帖至,大意言黄学与孟子相合,议驳非是。举座愕然,各逡巡遁去。次日邮传部咨行礼部,取消陈璧花押,润庠、名侃亦各行文取消。

吏部尚书陆润庠、都察院左副都御史陈名侃均有说帖赞成三儒从祀,而此次又随同画诺,这本是履行当日的正常程序,不能将他们认定为所谓"主驳派"的成员。相反,张之洞等的强行干预却是非常之举,所以才导致"举座愕然"。

由于三位重臣的反对,这份奏稿被否决,发回礼部重拟。可是,大学士孙家鼐却极力反对黄宗羲和王夫之从祀,而按照定例,覆奏又须大学士领衔,礼部夹在中间,难于措辞。这时的礼部尚书是溥良,他将这件棘手的差事交给了曹元忠,一来是因为溥良乃曹氏的座师,二来曹氏素以精研礼学著称,又是礼学馆的编纂,当能胜任。

关于曹元忠草奏的过程,雷瑨(1871—1941)后来写了一篇《顾亭林黄梨洲王船山三先生从祀记》,以"涵秋"的笔名发表在他主编的上海《文艺杂志》1915年第8期上，其中有生动的记述：

> 曹君以寿州（孙家鼐）既不以三先生从祀为然，其陈奏必有理由，非先破其说，恐终不得其要领。乃特于晋谒时潜探其意旨。寿州谓，咸同时之奏案，予亦预列，彼时颇主张从祀之说。但现今默察时变，民权日渐扩张，若再尊崇顾、黄、王之学说，流弊所及，深恐长少年嚣张之气，于国家前途必多危险。因是改变宗旨，且甚悔从前见解之谬误。至折中措辞，则以曾国藩曾刻黄梨洲著述中多方圈，足证其必有诋毁本朝之语，故宜罢其从祀云云。

曹元忠既探得孙家鼐反对从祀的理由，于是在覆奏中针锋相对，指出"后世避讳之法断不能绳之二百年前之遗老，况曾奉雍正朱谕，凡刻书避去戎虏夷狄等字为大不敬"等等，先占据优势地位。

雷瑨与曹元忠同肄业于南菁书院，清亡后来往又十分密切，曹元忠的《笺经室所见宋元书题跋》即连载于雷瑨所办的《文艺杂志》，此文所言容有渲染，但肯定不会全无根据。曹元忠自己的记述也透露出，他在草奏之先已经知道了孙家鼐的意旨："大学士孙家鼐又以孟子告齐宣王语（即"君之视臣如草芥，则臣视君如寇雠"）可施于诸侯，不可以例天子，宗羲固不当从祀,即王夫之所著各书,每以墨框空缺多至数十百处,迹近诽谤本朝,亦不得在从祀之列,自草奏疏,欲纠礼臣议礼失当恫喝之",同时农工商部左侍郎沈云霈亦作说帖,"驳孟子草芥寇雠之言比义未当",于是"三儒从祀由是遂不能并请允准矣"。

不得已,曹元忠拟定的礼部覆奏在详细开列了三人的事迹及学问出处,拟议将顾炎武从祀,而对黄宗羲、王夫之未置可否,请旨裁示。这个奏稿在礼部顺利通过,但在送交内阁会稿之前,又起了波折:"会稿之先,大学士孙家鼐已闻王夫之、黄宗羲应否从祀请旨之说,乃亦作说帖,封送礼部,欲礼部之易稿也"。孙家鼐对黄宗羲、王夫之应否从祀请旨裁定的意见也不满意,要求直接驳回,但此时礼部再难更改,尚书溥良只好对孙家鼐"语以稿经博采众议而成,如中堂别有所见,盍另折言之",建议他单独上疏,陈明己见。

孙家鼐于是将说帖改为奏折,称"三人之中惟顾炎武之学问较为精粹,若专准顾炎武从祀,似可举行",黄宗羲、王夫之则不能从祀。在这份奏折之后,孙家鼐还专门附片,对当年他曾赞同顾炎武、黄宗羲从祀表示忏悔,"彼时礼部议驳,原任工部尚书潘祖荫等议准,臣曾随同画诺,至今思之,犹深愧怍,深服当时礼臣议驳具有深意,今既有所见,尤不敢回护前误"云云。

礼部的覆奏于光绪三十四年(1908)九月一日上奏,孙家鼐反对黄、王从祀的奏折亦于同日上奏。主从派也在同一天群起上疏:礼部侍郎右郭曾炘疏请将三人从祀,并在折后专门附片,说明黄宗羲《明夷待访录》的《原君》《原臣》二篇有益于"宪政前途",不应成为阻碍其从祀的口实;协理京畿道监察御史徐定超疏称:"孙家鼐前与潘祖荫遵议黄宗羲、顾炎武应准从祀,又与翁同龢等遵议黄宗羲、顾炎武应否从祀、公同具折、恭候宸断,前案具存,何以前后之言如出两人?"直指孙家鼐"深文周内",不仅"礼部议准之顾炎武固应从祀,即黄宗羲亦应与王夫之一并从祀";掌陕西道监察御史吴纬炳奏称"不当于二儒独加苛论,亦不得因假托二儒之书者深文归罪",应将三儒一并从祀;学部左侍郎严修、学部右侍郎宗室宝熙、署邮传部左侍郎吴郁生、大理院正卿定成、大理院少卿刘若曾联衔上奏,更称其时种种新政,"如尚兵学、崇教育、罢科举、通军民、重宰相、用辟召、破资格、设乡官、复两汉三老啬夫之职,所谓甄采各国之良规者,二人实先言之",不应以一二偏激之语黜其从祀。

奏疏意见纷歧,最后起关键作用的是军机大臣、管学部大臣张之洞。雷瑨《顾亭林黄梨洲王船山三先生从祀记》说:"慈禧遍览各折,意不能决,乃独召询张南皮。南皮坚请断自宸衷,准予从祀,至是议始定。"《石遗先生年谱》说:"顾、黄、王三儒久已从祀,张广雅相国所主张也。"黄濬《花随人圣庵摭忆》说:"顾、黄、王三儒从祀孔庙,出南皮所请也。"《凌霄一士随笔》说:"王夫之、黄宗羲、顾炎武从祀孔子庙,至光绪末年始定,张之洞主持甚力也。"三儒从祀的最后动力出自张之

洞,是无可争议的事实,关于张之洞的具体主张,留到后文
详述。

光绪三十四年九月二日奉上谕:"礼部会奏一折,王夫
之、黄宗羲、顾炎武均著从祀文庙。"延续了三十多年的三儒
从祀论争终于以主从派的胜利而告结束。

三、 重塑学术偶像

光绪三十三年至三十四年(1907—1908)的这次讨论,参
与人数最多、文字资料最富、思想争论最复杂。

在赵启霖请将三儒从祀孔庙的奏折中,无论是"传经"还
是"传道"都已经被淡化了,三人的社会政治思想成了支撑他
们历史地位的最重要因素。赵启霖在论及王夫之时,于经学
著作只举其《周易内传》一种,在简单地称其"于六经皆有纂
注"之后,立即强调《读通鉴论》《宋论》能够"剖析古今兴亡得
失之故,其言多有裨治体"。对黄宗羲、顾炎武二人的经说,
赵启霖几乎只字未提,于黄宗羲称其"所辑《宋元学案》《明儒
学案》为七百年来儒林渊薮","学派最为博大",于顾炎武称
其"所辑《天下郡国利病书》意主经世,切于实用,其《日知录》
一编,尤为终身精诣之书,词旨往复,冀挽回薄俗,跻于隆古。"

赵启霖最后强调,三儒之学对于当今时势尤具特别意
义:"其论著之关于政治者,多具运量千载、开物成务之识,于
今日变通损益之宜,往往悬合事理,承学之士咸奉为斗杓岱

岳,人无间言",从祀三儒实可以"维系世变"。对比此前请祀时争论双方关于三儒理学与经学成就的反复陈说,历史的变化不可谓不巨。

次年九月一日礼部的覆奏更有意思。此奏先称三人"生当明季,鉴宋以后讲学家空谈性命、不根故训之敝,毅然穷经为天下倡,而后德性、问学,尊、道并行",本朝经学之所以昌明,"实由东南之间,炎武、宗羲最为大师,宗派流衍,驯至遍于天下";王夫之著作虽然行世较晚,但是中兴名臣大半出于湖湘,"亦未始非其乡先生教泽之所留贻";接着又称三人经学著作多收入《四库全书》《皇清经解》等,重申了三儒的经师形象。

这篇覆奏代表朝廷礼仪主管部门的官方意见,在措词上自然会更多地照顾到传统与惯例,所以对三人的传经卫道之功也有不少着墨。但是,覆奏的重点不在这里,而是朝堂之上关于三儒从祀的激烈争论:"炎武所著《宅京记》《郡国利病书》,所言皆天下大计,卓然明论。惟夫之所著《黄书》,其《原极》诸篇既托旨于《春秋》,宗羲所著《明夷待访录》,其《原君》《原臣》诸篇,复取义于《孟子》,狃于所见,似近偏激。"

礼部承认,三儒本"皆有阐明圣学、传授道统之功",而覆奏只同意将顾炎武从祀而黄、王二人请旨,其根源显然在于三人"经世之书"是否合于时势。也就是说,单只"传经""传道",已经不足以将先儒送入孔庙,更重要的还是其"实学"与"时政"的切合程度。至于王夫之、黄宗羲是如何在政治思想

"偏激"的情况下还能"传授道统"的,礼部覆奏的写作者似乎并未深思,或者说,"道统"此时已经成为虚无迁远之事,与政治观念可以判然两途。

在廷臣的议论中,重点已经完全转移到了"实学"上。礼部侍郎郭曾炘于礼部覆奏的同日上奏,请求特旨将三人一并从祀,所列举的理由是"宏圣治""光祀典""厉实学""维中学"与"扶世教"逐条,其中"厉实学"一条说:

> 儒者通经期于致用,《禹贡》治河,《春秋》折狱,三百篇当谏书,汉治所以极隆……自科举取士,学非所用,用非所学,人材衰敝,国势因以陵夷。夫之等生当明季,蒿目时艰,而以身历之变,抒为经世之言,故所学不尚空谈,多经实验,不安卑俗,务在博通。今日中外遍立法政学堂,将以储政事之选,表三儒为帜志,庶几通达知类,蔚成三代之英,是可以厉实学也。

其余"宏圣治""维中学""扶世教"三条也都强调三儒学问品谊对当世的示范意义。"光祀典"一条虽然仍称"从祀先儒,汉唐以前功在传经,宋元以后功在明道",但是又举出诸葛亮、陆贽、韩愈、范仲淹、文天祥诸人"或以经济,或以文章,或以忠义,并足师表千秋,故得崇跻两庑",而三人虽学派不尽同,皆能"湛深经术","其学皆有用之学,其文皆载道之文",所以将三人崇祀足可有光祀典。这里,"经术"的意义还要靠"有用"来体现。

在郭曾炘的奏疏中,"传经卫道"已经不再是衡量先儒能否从祀的核心因素,"崇德报功"也不再是从祀的目的,一切都依据现实的需要而定,实用主义的态度彻底占了上风。

这次关于三儒从祀的争论,全都围绕着黄宗羲与王夫之两人进行,而辩论的焦点又在于王夫之《黄书》及黄宗羲《明夷待访录》的《原君》《原臣》两篇。无论是"传经"还是"传道",都已经成了"不急之务",只有那些关乎时政的政说史论,才是人们关注的核心。

四、 士人公论与政治权力的博弈

从祀孔庙是士大夫阶层的"公"事,"公议"当然是影响从祀的重要因素。问题在于,公议如何产生、如何认定?当公议与主管官的立场冲突时该如何协调?到光绪末年最后一次请祀时,这些问题已经超出士人阶层的道德议论,而成为一种牵涉到制度变革的政治议题。

赵启霖的原折称,天下承学之士对于三儒"咸奉为岱岳斗枓,人无间言",又在他代都察院作的说帖中说,"既翕然群推为大儒,自不能以一二小疵,谓其不宜跻两庑之列",而赵启霖所谓"一二小疵",指的则是"《四库提要》所纠各条"。士人阶层的"翕然群推",已经能够超越以《四库提要》为代表的官方思想权威而居于从祀理由的首位。

在随后发生的争论中，"公论"的地位被反复强调：协理京畿道监察御史徐定超奏称"诸臣先后奏请三儒从祀，屡议未定，此次会议，谓应从祀者又居多数，可见公道在人，久而弥著"；学部侍郎严修等奏称"当时议驳本非定评，虽钜典之膺犹有所待，而从祀私议见于通人撰述者何可胜举，人心所同，即定论所在"；民政部尚书肃亲王等说帖称"当时廷臣议驳已非众论所推服，此次御史赵启霖复以为言，益可见公论在人，久而未改。即今日再从议驳，将来仍必有升祀之一日……潜德幽光终难湮抑"；内阁中书马士杰说帖称"虽三儒从前曾请从祀，均经议驳，然祀典綦严，在当日不厌求详，公论本待诸后日。今历时既久，或书籍流传既广，或士林私淑已深，崇德报功，久而论定"；胡玉缙的拟奏《拟准御史赵启霖奏请王夫之、黄宗羲、顾炎武从祀孔庙议》至称"今即议驳，他日必有奏请准行者，徒令后人讥前此之迟徊，则窃为当轴者惜之也"，等等。礼部侍郎郭曾炘的奏议，亦劝谏掌权者应当顺从"定论"：

> 近年以来，世变纷乘，新理日出，而三儒声名益重，几于户诵其说而家有其书，可知学术之显晦，有时非阿好者所得私，亦非忌嫉者所能掩，是以迭经廷议。郭嵩焘、潘祖荫、尚贤等既力争于前，今该御史复申请于后，揆之"庶政公诸舆论"之旨，秩宗祀典亦政要所关，正宜示大道之公，以副士林之望。

只有"副士林之望",才算得上是"大道之公",此时的言论,对于"士人公论"已经不再遮遮掩掩。需要特别注意的,郭曾炘将"士论"与清末立宪中"庶政公诸舆论"的原则联系起来,从而为士人公论赋予了政治意义上的"民意"内涵,体现了传统士人意志表达机制的新变化。

本来,官方思想权威,尤其是如钦定书籍这样的官方文本,它实际发生作用的过程和效果是很复杂的,并非如立竿见影般有效。在三儒从祀这个具体的例子中,官方思想权威由于其内在的歧异和多样而被不同阵营的人所引用,其权威性和说服力事实上互相抵消了。像先贤和名臣对于呈请从祀先儒的论赞,就更加具有不确定性:先贤名臣如此之多,评骘之语连篇累牍,根本不可能做到"众口无异词",论者各取所需,此类引证也难以构成有力的证据。既然这些因素形不成大家都能接受的结论,那么只能由政治权力来做最后的裁决,这也就是光绪十二年(1886)额勒和布等议驳黄、顾从祀奏折中所说的"论说纷歧,必衷诸圣"。

但是,孔庙从祀不仅仅是政治行为,更是确立思想权威、宣示学术风向的学林盛典,因此在历史上一直存在这样一种观念,就是从祀先儒的选择应依据士人的公论来决定,只不过在政治权力的压力之下,官方思想权威的判断成为最重要的从祀标准,士论的地位被压缩到相对次要的地位而已。在晚清,随着政治控制强度的下降,官方思想权威内部也开始出现裂缝,士人公论逐渐崛起,成为影响孔庙从祀的有力因素。

从这个角度观察顾、黄、王三儒从祀孔庙的过程,我们可以说,光绪三十三年、三十四年的最后争论,实际上是士人公论与政治权力的直接博弈。光绪三十四年礼部请将顾炎武从祀孔庙,而黄宗羲、王夫之请旨定夺的覆奏首先指出三儒在士人心中的位置已经确不可移:

> 求之士论,而道光间两广总督阮元所刊《皇清经解》,首列炎武《左传杜解补正》《易·诗本音》《日知录》诸书,至今年江苏学政王先谦奏刻《经解续编》,以夫之《周易·诗经·春秋·四书稗疏》次炎武《九经误字》之后,而管学大臣张百熙等奏定《京师大学堂章程》,亦以宗羲所辑《宋元·明儒学案》列入伦理科中,似该故儒等著述录于通人达士者,亦已流传不废,盖该故儒等皆有阐明圣学、传授道统之功。

大概是怕朝廷还不明白他的意图,曹元忠在奏折的最后部分再次强调:

> 经各署堂司开送说帖都二十六件,其主夫之、宗羲、炎武并准从祀者,十居其九。臣等以为,是非听诸天下,固见公论于人心,予夺出于朝廷,尤待折衷于宸断。

这实际上是给清廷出了一个难题:到底是为了政治忌讳而罔顾士论,还是为了顺从士论而破除忌讳?"朝廷"与"公论"、"宸断"与"人心"直接相对,但是,政治权力的"予夺"终不应违背士论的"是非":这就是这篇奏折的"潜台词"。

自然,这里并不是说,士人公论对政治权力已经具有了强制性的约束力,事实上从祀与否的最终决定权仍牢牢地掌握在最高权力手中,三儒之得以从祀仍要靠张之洞等枢臣的权力干预。尽管前引郭曾炘的奏折已经将"士论"与"民意"联系起来,不过一则由于预备立宪实际并未达到如此之高的民主程度,二则由于"士大夫"也并不就等同于"公民",因此"士论"对于政治权力来说,仍是一种"软约束"。但是,相对于以前几次请祀的晓晓以《四库提要》或《国史儒林传》为言,斤斤于先贤或名臣的只言片语,光绪三十四年的从祀争论已经清晰地显现出"士论"的意义。相形之下,朝廷本为士林而设的思想权威已经逐渐失去往日的风光。

五、"胜朝遗献"还是"国朝儒宗"?

在最后一次请祀的过程中,三儒的政治身份仍然是议论的重点之一。

赵启霖的原折仅称三人"皆于艰苦卓绝之中,具忠贞笃诚之操",这是原奏中惟一可能涉及顾、黄、王遗民身份的语句,说得非常模糊、笼统。但是在随后的讨论中,三儒的气节成为主要的议题之一,无论是支持者还是反对者,对于三人的大节、出处全都推服无异词,仅孙家鼐一人例外。如陈衍认为,前此礼臣议驳以三儒出处为言,只不过是借口:

> 前有奏请者,均遭议驳,礼臣之意,殆以王、黄二儒曾事鲁王、桂王,炎武虽受唐王之召而未往,然皆惓惓怀故国,之死靡他,揆之孙奇逢、陆世仪、张履祥始终晦迹者微有不同,方诸黄道周、刘宗周国亡死殉者亦觉有异,故迟回审慎,未敢议准,因就其著述,特用苛求欤。

这段话虽是揣测的语气,但对前述礼臣议驳黄、顾从祀是由于政治忌讳的原因亦有旁证之力。陈衍《顾黄王三儒从祀文庙议》并称,顾、黄、王三儒与上述已经从祀诸人异迹同心,"三儒之迹,孙奇逢、陆世仪、张履祥之迹也,三儒之心,黄道周、刘宗周之心也",现在诸人均已从祀,独有三人尚付阙如,"似于崇儒重道之大公有所未尽"。

胡玉缙《拟准御史赵启霖奏请王夫之、黄宗羲、顾炎武从祀孔庙议》同样认为,三儒与殉节诸臣同其节操:

> 向使睹明社之已屋,不惜隳其节操,为我世祖章皇帝效驱驰,其功烈亦必可睹。而宁为逸民,宁为处士,恨不与范景文诸人共追芳躅,不愿与刘良臣诸人同列元勋……于《钦定胜朝殉节诸臣录》得其旁比例,又于《国

史贰臣传》得其反比例,揆诸高宗纯皇帝之圣意,当亦
默许。

《钦定胜朝殉节诸臣录》与《国史贰臣传》在乾隆朝编定,
两书一褒一贬,但与传主对新朝的态度却正相反,是清代政
权对明末诸臣的盖棺论定,也是评价此类"历史问题"的最权
威文本。不过,顾、黄、王三人虽终身抱故国之思,却并未"殉
节",因此不在《钦定胜朝殉节诸臣录》之内。胡玉缙迂回援
引这本"钦定书籍",是想给表彰遗民以合法性的基础。

以刘宗周等人为例说明反清立场无碍从祀孔庙,是在这
次从祀争论中常用的论证模式。例如章梫《先儒王夫之、黄
宗羲、顾炎武从祀孔庙议》亦称:

> 或有议者谓,三儒皆胜国遗老,有不满本朝之隐衷,
> 前次驳不准允之故,即在于此。不知伯夷叩马,武王义
> 之,人臣各为其主,乃所以存忠爱之特性,著俎豆之莘
> 莘,若三儒变其素守,曲就功名,则非孔子之徒,何有馨
> 香之典! 我朝宽仁正大,为万世立法,黄道周、刘宗周、
> 孙奇逢均以气节道义次第从祀,则于夫之、宗羲、炎武又
> 有何疑乎!

其实,当时几乎已经没有因为三儒是明代遗民而反对其
从祀的"议者"了。在反对者中,如胡思敬称"三人皆明季遗

老,鼎革后却聘不仕,遂退而著书,志节之高,学问之博,诚有不可及者",王在宣称"三先生立身行己,类皆艰苦卓绝,有古豪杰风",又称"三先生者,高风亮节,足以廉顽立懦,师资百世,读其书未尝不想见其人",龄昌称"此三儒者,考之行谊,灿然验诸人心",吴国镛称"三儒生际艰屯,忠孝无亏,大节昭垂于天壤"等等,都不讳言三儒忠于前朝的气节、事迹,所反对者乃是他们的政治学术主张,与遗民身份无关。

最终,在礼部议覆的奏折中,对三儒著述中指斥本朝的文字进行了这样的解释:

> 至于流传刊本,间留墨匡,疑涉指斥,或为该故儒病,则祖宗之世早垂明训。恭绎雍正十一年四月上谕:本朝人刊写书籍,凡遇胡虏、夷狄等字,每作空白,嗣后仍蹈前辙,将此等字样空白及更换者,照大不敬律治罪。仰见圣朝如天之度,向不以文字语言罪人,岂有转设文网以绳前朝遗老,断可知也。

孙家鼐同日上奏的附片中说:"王夫之著述,其偏驳亦与黄宗羲等。原任大学士曾国藩搜探其书,刊刻以示后学。其中删截无数违悖之字,故其书空格极多,文义不全,不仅胡虏、夷狄等字已也。"——如此看来,曹元忠固然探了孙家鼐的反对理由,孙家鼐也已经知道了曹元忠的论旨,所以这里才会有"不仅胡虏、夷狄等字"的争辩。然而在所有人众口

一词揄扬三儒气节的氛围中,孙家鼐的说法实在显得冬烘
过时。

此外,在此次争论中也没有人再称三人为"明儒",虽然
也都承认他们是"胜朝遗献",但主要还是强调他们"国朝儒
宗"的地位。可是,这种称谓却在以三儒为反清旗帜的革命
人士那里激起了强烈的不满,比如黄节就撰文称,若清廷将
三儒以清儒从祀,"位在国朝儒者之次",其实是对他们的辱
没,因为三人始终以明臣自矢,未尝失节。联想到前引郭嵩
焘以"明儒"称王夫之,历史仿佛在这里兜了一个圈子:当朝
廷终于祓除了对遗民身份的政治忌讳,倾向革命的士人却开
始强调遗民之"遗",并以之作为反清的利器。

六、 超越地域之争

赵启霖是湖南湘潭人,有学者据此认为,赵启霖的本意
是争取从祀王夫之,之所以也拉上顾炎武和黄宗羲,只不过
是为了避免"一乡阿好"的嫌疑。这种说法可能来源于胡思
敬:"启霖湘潭人,夙宗仰船山,欲续成嵩焘未竟之志,而难于
措辞,乃并援顾、黄二先生以请"。其实不论"援顾、黄二先
生"是赵启霖的本意还是权宜的策略,后来的事实证明,如果
单单请祀王夫之,成功的可能性是很小的。而且,即使这种
说法符合赵启霖的初衷,在其后发生的争论中,地域也不再
是能够发生实际影响的因素。

与郭嵩焘、孔祥霖的奏折不同,赵启霖的奏折中没有"湖南论述",或许是为了避免"阿一乡之好"的嫌疑,但此次请祀过程中王夫之的地方色彩确实是大大淡化了。只有在光绪三十四年九月礼臣的覆奏中,称"夫之著书行世较晚,而咸丰同治以来,中兴名臣大半奋迹衡湘,则亦未始非其乡先生教泽之所留贻",算是以前思路的一点痕迹,但是语气已经缓和得多。朝臣的议论中也极少有人提到王夫之对湖湘士人特别是中兴将帅的影响。在各部呈递的 26 件说帖中,只有法部侍郎绍昌称"咸同以来中兴将相半出名儒,世多以谓三儒实开其先,而江湘人士,得力于王、顾遗书者为多",把"将相"与"名儒"的重叠归功于顾、黄、王三人,算是孔祥霖前说的扩大版。

即使这偶然一见的议论,其立论的目的也已经与前述郭嵩焘、孔祥霖之说大不一样:后者是在强调作为"一乡之士"的王夫之对于曾国藩等"国家功臣"的意义,前者的重点则在于"天下士"王夫之对于本乡名儒的先导之功。出现这种变化的原因,一在于王夫之声望的提高已经突破了地域的限制,他作为"天下士"的身份已经奠定;二在于争论的焦点发生了转移,支撑王夫之历史地位的不再是开创有清一代湖南的文运,而是其"经世之学"对于应对现实危机的作用,反对王夫之从祀的出发点也不再是地域之间的竞争,而是《黄书》的"离经叛道",特别是其中与反满思潮有着直接关系的民族主义倾向。

不惟王夫之,在顾炎武、黄宗羲从祀争论中出现过的南北问题也不复存在了。从当时主从与主驳双方的地域关系来看,主张应予从祀、并在其中起了决定性作用的张之洞、袁世凯都是北方人,而极力反对的孙家鼐却是南方人。另如主张从祀王夫之而黜顾炎武、黄宗羲的胡思敬是江西新昌人,反对三儒从祀的法部主事梁广照是广东广州人。时代危机的深化与社会改革的推进所引发的矛盾,已经超越了地域之间的差别。

七、"道统"隐退,"国粹"凸显

自然,有关三儒学术的讨论仍然费去了相当的笔墨,但在这个方面,支持者和反对者提出的论证都没有超出前次请祀的范围。

关于《四库提要》所指三儒著述的瑕疵,法部左侍郎绍昌、右侍郎张仁黼联名的说帖称,以前的主驳者以《四库提要》为准的,议准者则奉《国史儒林传》为依归,但是"论其书自应以《提要》为断,而论其人则当以《儒林传》为断",因为对著作进行评骘,乃是《提要》的体例使然,并不能作为判断应否从祀的标准,而《国史儒林传》则对三人称扬备至,"称道如此,绝无间然",理应从祀。京畿道监察御史崇兴、掌京畿道监察御史成昌、掌京畿道监察御史吴钫、京畿道监察御史沈潜联名的说帖亦就《四库提要》对三儒著作的批评进行了类似的辩解，称《四库提要》几乎对所有的著作都有批评，包括朱子本人，并无碍于朱子身任道统的地位，对于三儒亦应作如是观。而对于三儒学派不一，不尽笃守程朱的断语，支持者或称道统广大，不必尽属同一学派。陆军部主事裴冕群即称，"三儒行迹或不免少殊，心术则终无歧致"，或称三儒之学虽渊源不同，要皆归于程朱。大理院正卿张仁黼、少卿刘若曾联名的说帖就说，王夫之的《正蒙注自序》剖析数千年学术源流分合异同，对于朱子推崇备至；黄宗羲虽然出于阳明之学，但是晚年深造有得，"颇悟良知之非，谨守慎独之义"，所著《孟子师说》并不全用阳明的说法，而称朱子"致广大、尽精微、综罗百代"，可见其倾向；至于顾炎武，则引用《国史儒林传》的话，称其为学"一以朱子为宗"，总之三儒尽属程朱一脉。其实无论三儒的形象经历了何种变迁，历来都无人将他们视作纯粹的理学家，之所以朝廷之上广泛出现这样的言论，无非是为了迁就孔庙从祀的标准。

支持者的论述少不了称赞三儒学术精纯，各有本源，足以传授道统，例如法部尚书戴鸿慈的说帖称，"夫之神契张子正蒙之说，作《正蒙注》九卷，《思问录》二篇，皆行于世。宗羲学出蕺山，接姚江之派，闻诚意慎独之说，其所著《学案》为后学访求道统之津梁，炎武平生以'博学于文、行己有耻'二语为宗，事事皆推崇朱子，其所著《日知录》切实可行，前时议者谓国史儒林本传篇末特识其在华阴时于灵台观侧建朱子专祠，则隐然以紫阳嫡派归之，是亦可语于传授道统矣"等等。

不过，占据更大篇幅的还是将三人之学冠以"国粹"或"国学"之名，或者从保存中国固有文化的角度的议论。

赵启霖所述应将三儒从祀孔庙的理由，重在揭出"国学"二字。他首先提出"时世迁变而日新，圣道昭垂而不敝"的大经大法，然后指出，"自中外交通，学说纷杂，后生昧于别择，或至轻诋国学，自忘本原"，幸而"皇太后、皇上崇儒重道"，"升孔庙为大祀，且建曲阜学堂以树圭臬，风声所被，海内衔凛然于圣教之尊，其关系世道人心至远且大矣"。不过大道之所以绵延不绝，还有赖于"真儒间出，相与昌明而扶植之"，他们理应受到后世的崇祀。国初的孙奇逢、陆陇其、汤斌、陆世仪、张履祥已经从祀孔庙，除他们之外，"尚有三人焉，核其学行皆卓然无愧于从祀之典者，则王夫之、黄宗羲、顾炎武是也"。而三儒"于圣贤之道，非但多所阐明，皆能躬行实践，深入堂奥，后来儒者所不能及"，应当予以一并从祀，"以树薄海之仪型，俾远近闻风者咸知以希贤希圣为心，自不至叛道离经，荡轶于礼法之外"，实可以"敦崇正学，维系世变"。换句话说，孔庙从祀诸儒就是"国学"的代表人物。

礼部侍郎郭曾炘支持将三儒一并从祀的理由有三，其中之一是"维中学"：

中华声明文物开化最先，自西书盛行，学徒见异思迁，浮薄之流至有蔑弃彝伦，鄙夷宗国，故深识者常以保存国粹为思。然训诂之学多墨守而鲜通，性理之书或习

传而滋伪,末流之敝适启后学之疑。惟夫之、宗羲、炎武
其书多合于教科,其识能通夫时变,根柢六籍,旁涉九
流,治旧闻者可资为津逮,讲新学者亦不能出其范围,倘
荷圣明表彰,益坚群伦信仰,微言大义或不致终蚀于旁
行画革之书,是可以维中学也。

这段话透漏出顾、黄、王三人被作为"中学"代表的理由:
不仅"合于教科",而且"通夫时变",不仅"根柢六籍",而且
"旁涉九流",既没有汉学的琐碎之敝,也可免宋学的空谈之
讥。无论是"治旧闻"还是"讲新学",都可以三儒为榜样。对
他们进行表彰就可以维持中华文物声明的"微言大义"而不
坠,坚定群伦对于"中学"的信仰。

不过"国学"也好,"中学"也罢,都不及"国粹"被提到的
次数多。

由学部左侍郎严修、学部右侍郎宗室宝熙、署邮传部左
侍郎吴郁生、大理院正卿定成、大理院少卿刘若曾等联署的
奏折称:"方今新学日盛,礼教寝衰,若夫之宗羲之志节忠贞,
寔足以辟乱党无君之邪说,经史博洽,尤可以彰保存国粹之
正宗。"陆军部主事裴冕群的说帖称:"本朝经师追源先导,无
不交口同声,推尊三儒。今者西学盛行,经义就晦,既贻数典
忘祖之羞,复有叛道离经之惧,倘不明其宗尚,何以范我驰
驱,此言乎国粹之宜祀者也。"礼部侍郎张亨嘉对三儒从祀有
拟奏一篇,张之洞亲自加入"三儒秉性忠贞……沉潜经史,尤

可以彰保存国粹之正宗",入祀庙廷可以"光昭圣道,亦藉以崇正学而塞横流,洵于今日世道人心大有裨益"等等,都显现出在中西学战的背景下,朝廷急欲采取行动以挽回中学颓势的愿望。而顾、黄、王三人的思想学说既合乎时代变革的需要,又脱胎于中国原有的经史之学,不但是"国学",而且是"国粹"。

西学侵入不始于二十世纪,但是直到此时"保存国粹"才成为一种思潮。固然是因为西学传入的规模和速度都大大提升,但更重要的是,清末新政开始以后,政府决心以西方模式(尤其是日本模式)来改革政治制度,政治转型必然引起学术的变化:中学不再被悬为朝廷功令,取而代之的是各类按照西方学科分类而设置的"时务"。特别是科举制废除以后,中学可能会被废弃的前景更加引起维持中学者的忧虑。

因此,二十世纪初出现了要求保存本国学术、延续本国文化的普遍呼声,它最著名的口号就是"保存国粹"。但是,既云"国粹",那么"国学"中何者为"粹"、何者为"糟",立刻就成为一个问题。顾炎武、黄宗羲、王夫之三人在历代先儒中"脱颖而出"而成为"国粹"的代表性人物,背后各有各的原因,不过同样是"国粹",在不同的人物、派别眼里却有迥然不同的面貌。这一点在顾、黄、王从祀的历程中表现得非常清楚。

具体而言,"国粹"的具体内涵可以有这三个层次:

第一,是凸显"国族"的意义,亦即站在反对异族统治(无

论是满洲还是帝国主义)的立场上,强调那些代表本民族特征、体现民族气节的人物和思想;

第二,是延续本国思想传统以抵抗外来文化入侵的努力,这种思路把"学"当成"国"存在的根据,既承认引入西学的必要,也强调维持中学的意义;

第三,继续传统儒者的思路,仍把中学(主要是儒家经传)看作是普遍适用、唯一正确的真理。

代表第一种倾向的,主要是章太炎、黄节等"国粹派"人物;第二种倾向则在政府中体现得尤为明显,张之洞等人是其代表;持第三种思路的人较为"小众",他们主要是作为政治变革与思想转化的反对派而存在。不过,在对顾、黄、王的认知上,这三种倾向却同时并存,各派都把他们当成符合自己期望的历史人物而加以表彰。

二十世纪初,保存国粹的呼声不仅仅出现于在野的士人群体中间,清朝官方也进行了不少"体制内"的努力,其中最突出的代表是张之洞。

张之洞是废科举的坚定支持者,但光绪二十九年(1903)他在提出开办学堂、渐停科举设想的同时,也提出了新式学堂应当兼顾中西学问的原则。他在题为《请试办递减科举折》的奏折中说:"或虑停罢科举、专重学堂,则士人竞谈西学,中学将无人肯讲,兹臣等现拟各学堂课程,于中学尤为注重。凡中国向有之经学、史学、文学、理学,无不包举靡遗。"次年,在张之洞参与修订的《奏定学堂章程》中又特别提出

"保存古学"与"保存国粹",规定"中小学堂宜注重读经以存圣教",并说:"中国各种文体历代相承,实为五大洲文化之精华。且必能为中国各体文辞,然后能通解经史古书,传述圣贤精理。文学既废,则经籍无人能读矣。外国学堂最重保存国粹,此即保存国粹之一大端。"并将中学能否存续与中国的根本存亡联系起来:如果中国的经书"始则无人肯读,三十年后则宿儒已尽,后学茫然,必致无人能解,从此经书废绝,古史亦随之,中国之理既亡,中国岂能自存乎!"

但是,几年以后,学部却报告说,经学本是中国固有之学问,可是"自近年学堂改章以来,后生初学,大率皆喜新厌故,相习成风,骎骎乎有荒经蔑古之患……实与世教学风大有关系"。(《奏拟选科举举人及优拔贡入经科大学肄业片》)

"中学为体、西学为用"是张之洞的一贯主张,但是面对西学大举入侵的局面,在操作层面上如何保存中学成了一个严重的问题。特别是在科举制废除以后,新式学堂兴起,"后生初学"的出身途径发生了变化,中学失去了朝廷功令的后盾,不再能直接带来政治和社会地位的上升,因此在教育系统中的地位急剧下降。

这种情况引起张之洞很大的忧虑。他对于中学存亡的忧心,促使他在湖北设立存古学堂,宗旨就在于保存"国粹"。光绪三十三年(1907)五月二十九日(这也正是三儒从祀的争论在北京激烈进行之时),张之洞上《创立存古学堂折》,并向学部咨送了《湖北存古学堂课表章程》。对于开办存古学堂的意图，他说得很清楚：

> 近来学堂新进之士，蔑先正而喜新奇，急功利而忘道谊，种种怪风恶俗，令人不忍睹闻。至有议请废罢四书五经者、有中小学堂并无读经讲经功课者、甚至有师范学堂改订章程声明不列读经专科者。人心如是，习尚如是，循是以往，各项学堂于经学一科，虽列其目，亦止视为具文，有名无实。至于论说文章、寻常简牍，类皆捐弃雅故，专用新词，驯至宋明以来之传记词章皆不能解，何论三代。此如籍谈自忘其祖，司城自贱其宗。正学既衰，人伦亦废。为国家计，则必有乱臣贼子之祸；为世道计，则不啻有洪水猛兽之忧。

但是存古学堂的开办并不顺利，先是师资问题难以解决，先后延请的孙诒让、缪荃孙、曹元弼等人都不愿就职，孙诒让甚至说："课保粹是要义，现以救危亡为急，此举似可略缓。"似乎连这些在一般印象中比较重视旧学的人也对张之洞的立场不以为然。

办学的困难并未冲淡张之洞保存国粹的热情。光绪三十三年八月，张之洞被召进京，入值军机，九月又管理学部，之后多方努力，力图维护已经失势的旧学。1908年11月6日的《大公报》报道说，张之洞特别要求礼部的司官对于"关于保存旧学之折奏条陈，必须详加讨论，以定准驳，不可轻率从事,致使轻重失当"。只有在这个思想背景下,我们才能理解为什么张之洞如此坚定地支持将三儒从祀孔庙。

不仅如此,光绪三十三年三儒从祀孔庙的最初提议人赵启霖也是张之洞保存国粹的坚定支持者,并在同年担任四川提学使,主持创办了四川存古学堂。顾炎武、黄宗羲、王夫之作为"国粹"之代表而被送入孔庙,"道统"退隐,"国粹"显现,三儒从祀的历程折射出思想坐标的变化。

孔庙与宪政

一、 从祀与立宪

三儒既为"国粹","粹"在何处呢？反对从祀者的态度更能说明这个问题，而他们所举出的理由，绝大多数与正在进行的立宪进程有关。

光绪三十二年（1906）七月十三日，清廷宣布"仿行宪政"，《宣示预备立宪先行厘定官制谕》提出"大权统于朝廷，庶政公诸舆论"的立宪原则，同时又派载泽、世续、那桐等十四人为编纂官制大臣，并设立编制馆，重新厘定官制；三十三年（1907）七月五日，又成立宪政编查馆，作为设计宪政制度的专门机构，以后凡有关系到宪政及各种法律的条陈，一律由该馆议覆。三十四年（1908）八月一日，颁布《钦定宪法大纲》及《逐年筹备事宜清单》，宣示将在九年之内完成立宪的准备，九年之后"仿行宪政"。清末的预备立宪在国内外的强大压力下艰难前行。

三儒从祀论争从光绪三十三年正月开始，到次年九月方告结束，而这段时间正是清末预备立宪急速推进的时期。在这种背景下,先儒从祀孔庙虽然是不急之务,但是由于顾、黄、王三人都有鲜明的政治立场与政治主张,此时三人在社会上的形象又是新政治理念的"先知",所以三儒最终得以从祀实际上具有非常明确的政治意涵,那就是以之表明清廷宣示预备立宪的诚意与决心。

早在清廷宣布预备立宪以前,关于是否应当实行宪政、实行宪政的日程安排及其具体内容方面,一直存在着广泛的争论,这种争论随着立宪的进展而日趋激烈,这是光绪三十三年至三十四年顾、黄、王三儒从祀争论的政治背景。事实上,在从祀与立宪这两场看似毫无关系的论争之间,无论是人事方面还是立场方面都有密切的联系。

四份主驳的说帖分别署名理藩部尚书宗室寿耆、左侍郎堃岫、右侍郎恩顺,内阁中书王在宣,礼部郎中龄昌,法部主事梁广照。理藩部的说帖比较简短,大意是说三儒生平学术"有密有疏,纯驳互见,究未臻纯粹以精之诣",能够入祀乡贤祠已经足以表彰,无需从祀孔庙。这仍是延续以往议的论调,并无新意。梁广照的说帖引曾国藩对于王夫之的评语"著述太繁,纯驳互见",其著述中流传最广的《读通鉴论》与《宋论》仍存门户之见,持论往往过中;顾炎武的著作如《日知录》《天下郡国利病书》不过采摭旧闻,《郡县论》虽锐意复古,但并不可行,只不过是一时激愤之言,"语以经济,实非所长";黄宗羲"学本姚江,而见理甚浅",所辑《明儒学案》《宋元学案》瑕疵甚多,尤以《明夷待访录》的《原君》《原臣》两篇"于

《孟子》《公羊》妄加附会,语多流弊",所以"其命名虽比于箕子,而立志实托于殷顽"。总之,三儒"质兼狂狷而学养未纯,运值颠危而情怀多郁",谈不上是醇儒,不宜从祀。

表面看起来,梁广照对三儒的负面评价仍然是在延续过去的官方意见,尤其是《四库提要》的看法。如他说顾炎武"语以经济,实非所长",显然就来自《提要》对《日知录》的评语,所不同的只是他提到了清末才广为流传的《明夷待访录》,但也仅仅提到其书"语多流弊",并没有继续深入。而在龄昌的说帖中,就明确指出该书的"流弊"所在。

龄昌首先提出,三儒的学行都有补于"学术世道",予以从祀本来应无愧色,但是从祀大典并不能仅仅以学问德性为依归,更要考虑时势的迁移,衡量先贤学说对世运的影响。如今"异说横流,歧学并起,中外人士每援卢骚、孟德斯鸠论著,不曰平权,则曰自由",西人学说流传于政界,害莫大焉。《明夷待访录》中的《原君》《原臣》诸篇虽然"与六经大旨不甚背驰",但是"无如人心好奇,动引兴朝钜子与法兰西乱世之儒相提并举……好名不得志之流且借三儒著述若《待访录》等类,视为奇货,起辨言乱政之阶"。这里所谓的"辨言乱政",放在当时全国士民上书要求速开国会,国会请愿运动正如火如荼的语境中,显然是实有所指的。不过,龄昌仅以《明夷待访录》一书为由,就否定了顾、黄、王三人的请祀,显然有些以一概全。相比之下,王在宣的说帖就表现得更为全面而深入。

王在宣认为，三儒立身行己，艰苦卓绝，本无可议，但其学术则不无缺陷，揆之先儒，远胜子云（扬雄）而尚不及荀子，以孔孟程朱之学衡之，均不免不精不详之讥。于王夫之，称其说经之书"议论偏激，多驰骤纵横之辞，少优游和平之致，乃有言者之言，非有德者之言"，史论则"好翻案而不得其平，逞异论而不轨于正"；于顾炎武，称其"为学惩明季之弊，矫枉过正，有用无体，君子讥之"，而有耽于考据，忽略心性之学，"论风俗礼教则恺切详明，言性命一贯则含糊影响"。

王在宣于黄宗羲最为反对，称其"所著《明夷待访录》开首《原君》一篇，实与西儒卢骚《民约》、孟德斯鸠《法意》二书所论不谋而合，故讲新学者多称之，最易为革命党所借口"，并对《原君》一篇几乎逐句批驳，称如今新学盛行，黄宗羲为当世所推重者以此书，将来"正学昌明"，黄宗羲将为后世所诟病者亦以此书，如《原君》篇所谓"无君则人各得自私，各得自利"，如果照此行事，"吾恐平权自由之习成，革命流血之祸作，率兽食人，人将相食，岂不可为寒心也哉"！至于该书其他篇章，虽然谈论政治"洞明利害，言言痛切"，可是如果"推之事实，亦多窒碍难行，流弊甚大"。

二、腹背受敌的三儒从祀议案

胡思敬只反对顾炎武与黄宗羲，他称三儒"讲学之宗派不同，立言之旨趣又异"，但是仔细推求夏利，则"夫之大纯而小疵，炎武大疵而小纯，宗羲纯者无几，其疵者洸洋自喜，不恤其言之过高，遂酿成今日学术人心之大患"。对于顾炎武，他惜其"意见太偏，力主破坏纷更，拾永嘉之绪余，阴蹈王荆公、方正学之故辙"，《日知录》等书"食古未化，往往见小利忘大害"，可是，顾氏的思想却在其时正在进行的官制改革中大行其道："炎武言之最谬者，如废铨法、弃律例、复藩镇、罢关防，虽至愚极陋，知其必不可行，而其言之似是而非者，欲设乡官，复两汉三老啬夫之职，废监司牧伯，专任守令，破一切用人资格，凡僚属皆由本官私自辟召，今日编制诸公执死方以医活病，欲尽如其言以行，国有狂泉，祸至无日。"

"今日编制诸公"，所指即是负责编订新官制的编纂大臣与编制馆诸委员。新官制的编订深受地方自治思想的影响，而顾炎武以其"寓封建于郡县之中"的主张一向被认作地方自治思想的中国源头之一。胡思敬对于预备立宪根本反对，认为宪政是"上下互相劫制之道"，其结果必然是"争竞之祸愈烈，荼毒之害愈深"，预备立宪之后，"盈廷聚讼，举国若狂"，以至于"内外交讧，国势垂危"，实在是"大乱天下之道"，他甚至要求"取消九年预备清单，停办新政"。他对改定官制反对犹力，曾专门上奏指陈官制改革的弊端，称这种改革"误信謷言，仿东西洋规制，不设吏曹，悉解散其权，倒柄而授之督抚"，将会导致天子失权，"号令不出于一城，不待四邻分割，已成支离破碎之区"的局面，而且"资格一破，人人有侥幸之思"，维新党派就可以趁机窃夺利禄，占取权位。总之，官制改革"破坏会典,销毁则例,一切以意为之,荡然无复限制",不至于天下大乱而不止。

对于黄宗羲,胡思敬直斥为"杂霸之学",《明夷待访录》"图穷而匕见,揉筆而骂主人,情非得已,意实无聊……故作此诙奇诡谲之辞,以开后代革命流血之祸"。针对《明夷待访录》要求加重相权的《置相》一篇,他说:"莽、操受千古唾骂,后世奸雄,窥伺神器,多慑于名分而止,而宗羲曰:'天子去卿一阶,宰相而摄天子,不殊于大夫之摄卿';惟名与器,不可以假人,胡惟庸、严嵩之祸,明人所切齿也,而宗羲曰:'生杀予夺,当出自宰相。'"这种说法的背后,是预备立宪中关于应否设置内阁总理大臣的争议。在这场争论中,胡思敬主张保留军机处,因为"军机处不设定员,同堂议事,无论官职崇卑,不相统摄",如果设立总理大臣,统一处理政务,那么无论是用亲藩还是满汉大臣,"皆可恣睢自擅,窃弄权柄,启奸人窥伺之渐",日后必然酿成日本幕府将军之局。

这两份奏折都收入《清末筹备立宪档案史料》,一题《御史胡思敬奏立宪之弊折》,一题《吏部主事胡思敬陈言不可轻易改革官制呈》,在当时朝官的议论中相当显眼。

新官制的编定在光绪三十二年至三十三年,其中地方官制在三十三年五月二十七日正式公布,而各部呈递说帖议论三儒从祀是在三十三年的春季,正是在新官制争论最为激烈的时候。政治改革的争论投射到先儒从祀议案中也就是很自然的事情了。

除了新官制的争论,开国会也是预备立宪中引起广泛争论的重大关节。胡思敬对于国会同样深恶痛绝,他说:"立宪之法,以位予君,以权予内阁,君不负责任,责在总理大臣,又设国会以监督之,会党寻隙相攻,总理辄引身而退……君子而充议员,党孤力怯,将屏息而不敢出声,小人而充议员,上藉抵抗官长之力,即下可鱼肉乡愚。"胡思敬认为,朝廷对于日甚一日的国会请愿风潮处置不力,只是"设为澒泆之词以相笼络",他要求"明降谕旨,宣明国会以下劫上,长奸堕威",以后凡有渎请召开国会的,"付所司按治"。

既然如此,那么胡思敬对黄宗羲"公是非于学校"的主张持强烈的反对态度也就毫不为怪了。他引《明夷待访录·学校》篇"天子是所未必是,天子之所非未必非,天子亦遂不敢自为是非,而公其是非于学校"的话,称"今日内外学堂,电奏络绎,淆乱国是,干涉政权,遂援此为口实",又引《原法》篇"吾无天下之责,则吾视君为路人"的话,称"今日虚无党派,藐视君亲,平等自由,不受羁绊,遂据此为公理"。不仅如此,在梁启超主持《时务报》的时候,"世推为南雷再出",显见黄宗羲才是"康梁乱党"的始作俑者,此时如果将其从祀,"海外党徒或疑廷臣提倡异学,跋扈飞扬,将益肆然无忌,此岂朝廷福哉!"

胡思敬对黄宗羲从祀的反对十分坚决,至称其"纯者无几,其疵者洸洋自喜,不恤其言之过高,遂酿成今日学术人心之大患"。这里所谓"学术人心之大患"显然是指预备立宪过程中出现的种种不合传统政治理念的"乱象"。因此他在顾、黄、王从祀争论中的立场绝不仅仅是学术之争,更重要的是受到时事刺激,源于其反对宪政的政治态度。

对于这种将政治异议归于三儒影响的说法,支持者自然不能无辨。大理院正卿张仁黼、少卿刘若曾的联名说帖称,反对者"以今日中外交通,学说庞杂,锻炼傅合,归狱前贤",这与因康梁而罪及《公羊》者同一见解,都是故为苛论。掌江苏道监察御史贵秀、掌安徽道监察御史宗室瑞贤、掌安徽道监察御史叶在琦的联名说帖委婉地说,三儒的政治构想"皆具有次第施设之方,不同乎治丝而棼,操切而反害事者"。

章梫的说法最为透彻,他说,有人谓如今的种族之说发于王夫之的《黄书》,其流为"革命排满",民权之说发于黄宗羲的《明夷待访录》,其流为平等自由,其实《黄书》只不过是惩明弊端,规画治世之大纲,并无所谓革命之语;《明夷待访录》则以《孟子》《周礼》为根据,以纠正末世骄君谄臣之失,更无所谓平权自由,凡是"革命排满""平权自由"等语,皆"中国浅人略涉东西国一二家之学说,如染狂毒,如饮鸩酒,不自知其身之生死,并未尝窥见船山、梨洲之书",如果能够略读船山、梨洲之书,"忠爱之心油然兴发,岂复有革命平权等事乎?"

综观这些说帖,支持者实际上腹背受敌:既要面对以前历次请祀被驳回时所遭到的批评,其中包括来自官方思想权威如《四库提要》的负面评价、三儒始终未与清廷合作的遗民立场、并不具备传统意义上的"理学家"身份等等，又要面对清末政治形势下产生的新问题，亦即三儒的不少论述与倾向（如王夫之的"排满"、顾炎武的郡县论、黄宗羲的《明夷待访录》等）已经成为革新派的理论来源，无论是主张君主立宪还是主张革命者，都以三儒为宣传旗帜。在这种形势下，支持者要把三儒送入作为官方意识形态核心符号的孔子庙廷，面临的阻力是十分强大的。可以说，光绪末年的这次顾、黄、王从祀争论，从一开始就脱离了学术思想的轨道，而成为政治交锋的跑马场。

三、 宪政与儒家政治理想

从以上的引述不难看出，双方争论的焦点集中在《明夷待访录》与《黄书》两书，其中尤以《明夷待访录》聚讼最多。礼部侍郎郭曾炘上奏，指出礼部覆议之所以请将顾炎武从祀而王夫之、黄宗羲请旨的原因是"廷臣之议，于夫之等学行本末皆推服无异词，所疑者不过一二流传之书"。根据礼部的覆奏，这里所说的"一二流传之书"，指的就是黄宗羲的《明夷待访录》与王夫之的《黄书》。

在黄宗羲的著作中，《明夷待访录》的流传是很晚近的事情。在光绪十年至十三年(1884—1887)关于从祀黄宗羲、顾炎武的讨论中，无论正反双方都没有一字谈及此书，可见当时这本书还没有进入士人大众的视野之中。到了光绪末年，此书却成了朝臣争论的焦点，反对黄宗羲从祀孔庙一方的主要论据，即是《明夷待访录》（尤其是其中的《原君》《原臣》两篇）倡言民权，刺激革命。

支持者的策略，则是提出《明夷待访录》的立论本于《孟子》，并非非圣无法之论。由张之洞撰写，军机大臣世续、张之洞、袁世凯三人联署的说帖将《明夷待访录》的说法与《孟子》一一比较：

> 《孟子》七篇言君民消息之理最详，梨洲《待访录》"原君""原臣"二篇实本《孟子》，今为比附之如左：
>
> 《孟子》曰："民为贵，社稷次之，君为轻，是故得乎邱民为天子。"梨洲谓："古者以天下为主，君为客，凡君之所毕世而经营者，为天下也。今也以君为主，天下为客，凡天下之无地而得安宁者，为君也。"
>
> 《孟子》曰："残贼之人，谓之一夫，闻诛一夫纣矣，未闻弑君也。"梨洲谓："今也天下之人怨恶其名，视之如寇雠，名之为独夫，固其所也。"
>
> 《孟子》曰："君之视臣如土芥，则臣视君如寇雠"，又曰："贵戚之卿，君有大过则谏，反复之而不听则易位。"梨洲谓："君有无形无声之嗜欲，吾从而视之听之，此宦官宫妾之心也"，又谓："吾无天下之责，则吾在君为路人，出而仕于君也，不以天下为事，则君之仆妾也，以天下为事，则君之师友也。"

　　表面上看,这只是两部书籍中类似言论的简单比附,但是细究起来,这份说帖所传达的信息却要复杂得多。《明夷待访录》的表述之所以被追溯到作为儒家经典的《孟子》,乃是因为清末的政治改革与黄宗羲的某些主张有着共通之处,而关于黄宗羲应否从祀孔庙的争论,也就转变为清末立宪对君民关系的重塑在儒家思想的体系中是否具备合法性的问题。更为复杂的是,清末立宪运动并非由中国固有思想资源所引发,其直接触因乃在于西方政治思想与政治制度的传入。而这种外来思想导致的政治变革首先"激活"了与之最接近的《明夷待访录》等书,又进而重新解释了中国思想中的核心文本,古老的经典再一次成为新思潮的保护色。

　　曹元忠在为张之洞的这份说帖所加的按语中,屡次称"梨洲之言尚较孟子为婉""孟子土芥寇雠之说……以梨洲较之,其辞为巽矣"。其实黄宗羲相比于孟子来说,决不仅是辞气较为激烈的问题,《明夷待访录》中所表达出来的新的君民、君臣关系,实际上是对孟子民本思想的具体化与推进,而清末所要建立的宪政框架下的君民、君臣关系,以权力而非道德为其根本,已经完全超出了儒家的范围,与黄宗羲的设想又不相同。但是,在张之洞这里,宪政与儒家政治理想不仅并无冲突,甚至是顺理成章的发展趋势,显示出二者在政治实践中对接的可能。

　　张之洞的非常之举既表现了他推动黄宗羲从祀孔庙的决心,更可借此窥见他对于清末立宪所试图创造的新型政治形态的理解,正是建立在儒家强调君臣共治、王权为民的思想脉络的基础之上。这条线索来源于中国文化的形成时期对于政治本质的理解,孟子、方孝孺、黄宗羲等人都可算作这一脉络中的人物。

与此相对应的,则是较为强调皇权权威、主张君主绝对权力的一系。这一系由于得到政治权力的支持而长期占据优势,例如延续已久的关于"汤武革命"的争论,就是这两种思潮交锋的表现。事实上,在关于黄宗羲从祀的争论中,"汤武革命"仍然是一个重要的观念符号,中西政治观念的交锋被直接转化为儒学内部古老的争论,这不能不说是近代思想史上戏剧性一幕。

随后,由曹元忠所拟的礼部覆奏称:"夫之所著《黄书》,其《原极》诸篇既托旨于《春秋》,宗羲所著《明夷待访录》,其《原君》《原臣》诸篇,复取义于《孟子》,狃于所见,似近偏激……恐学子昧于论世知人,将以夫之、宗羲为口实。"既提出对二人从祀的担心,但同时又声明他们的著作不过本于《孟子》与《春秋》这样的经典,覆奏的倾向性是很明显的。

不过,覆奏中的后退并不代表"主从派"的屈服。下一步,他们的策略是将争论延后,直接交由最高权力决定,以便张之洞等重臣可以从中取事。

四、 最后的交锋

礼部覆奏的时机颇堪玩味。此时,覆奏距离赵启霖上奏请祀三儒已经过去了一年半而有余，各部院衙门的说帖也早在前一年的春季就已经送到礼部。虽然后来礼部的奏稿经过了几次改写，但是拖的时间也不应如此之长。

十分引人注目的是，就在礼部覆奏的整整一个月之前，清廷刚刚颁布了《钦定宪法大纲》，无论朝野对这部"准宪法"都有各种各样的声音。比如章太炎就写了一篇《代议然否论附房宪废疾六条》，直斥其"不为佐百姓，亦不为保乂国家，惟拥护皇室尊严是急"，并举其"废疾"六条，称"虏廷之疾已死不治，而欲以宪法疗之，宪法之疾又死不治"。三儒从祀的正反双方选择在这个时候展开最后交锋，显然与这种政治背景有着直接的关系。

反对者中，影响力最大的是孙家鼐。他的奏疏仍引《明夷待访录》反对"君臣之义无所逃于天地之间"的话，指黄宗羲"总以汤武革命为分所当然"，可是"孔子一部《论语》，数称尧、舜、泰伯、文王，而汤武之事不多见"，而且还说过"三分天下有其二以服事殷，周之德其可谓至德也已矣"的话，可见孔子对汤武革命本有微词。孙家鼐更进一步说，"黄宗羲既以汤武革命为臣民应尽之义务，其流弊不可胜言"，一定会"启奸雄窥窃之心，长俗儒浮嚣之习"。"以汤武革命为臣民应尽之义务"一语显得十分生硬，说"革命为臣民之权利"大概更符合孙氏的原意，但是"臣民应尽之义务"的说法显然是从《钦定宪法大纲》对臣民权利义务的明文规定而来。

孙家鼐对立宪并未昌言反对，但是认为在国势衰败之时,不宜更张。他在廷臣讨论是否应当立宪的会议上说:"此等大变动,在国力强盛之时行之,尚不免有骚动之忧,今国势衰弱,以予视之,变之太大太骤,实恐有骚然不靖之象",建议先"格其丛弊太甚诸事,俟政体清明,以渐变更,似亦未迟"。但是,他又被派充为资政院总裁之一,而资政院在清廷的构想中是以后召开议会的基础,对于当时社会上要求速开国会的请愿,他的体会一定很深:仅以光绪三十四年七月为例,一个月内就有各省士民、请愿代表及预备立宪公会等组织共七批通过都察院呈递了要求速开国会的请愿书。

在这份奏疏的后面,孙家鼐还附片解释了他对于三儒从祀的态度转变:"光绪初年,曾有请以黄宗羲、王夫之从祀者,彼时礼部议驳,原任工部尚书潘祖荫等议准,臣曾随同画诺,至今思之,犹深愧怍,深服当时礼臣议驳具有深意。"孙家鼐这里所说的并非全是实情:他曾"随同画诺"的并不是"黄宗羲、王夫之从祀",而是黄宗羲、顾炎武从祀,之前黄宗羲与王夫之并没有同时被提请从祀过。孙家鼐这样说的原因,是此时他只反对黄宗羲、王夫之从祀,并不反对顾炎武。

从支持者的奏疏中可以看出,他们已视孙家鼐为最大的论敌。徐定超的奏疏特别提出,孙家鼐在光绪十年曾经赞同过顾、黄从祀,"何以前后之言如出两人"? 又说"孙家鼐所谓恐有流弊者诚不免于过虑",可见主从者阵营一定经过充分的准备,并且是有组织的反击。

与此前争论双方的论述不同,这次最后的对决已经不再以"道统""传经"等从祀孔庙的传统标准为言,甚至也较少涉及学术问题的评价,双方争论的焦点完全集中到三儒学说与政治变革的关系上去,尤其是《明夷待访录》在宪政中的位置问题。学部侍郎严修等为黄宗羲、顾炎武辩护的奏折中说:"近时新政多所更张,以二儒之遗书证之,如尚兵学、崇教育、罢科举、通军民、重宰相、用辟召、破资格、设乡官、复两汉三老啬夫之职,所谓甄采各国之良规者,二人实先言之。"

严修属于积极推行宪政的一派。同样是"复乡官",同样是"重宰相",他认为是黄、王应予从祀的根据,胡思敬则以为是二人的缺陷所在。双方在从祀问题上的立场根源与其对于新政的不同态度昭然若揭。

不过,严修等的奏折主要是为黄宗羲、王夫之二人辩护,他们所列举的"国家推行之新政",未必全是"故儒已发之微言",至少如王夫之就从未说过要"罢科举",而"设乡官、复两汉三老啬夫之职"也主要是顾炎武的主张。这里综合了顾、黄、王三人的学说,将三人当成一个整体来说。这种一概而论的笼统说法,反映出三儒之间的区别逐渐模糊,他们各自的具体学说如何已经并不重要,三人被当作"一体"来看待,共同构成了新兴政治理念的历史符号。

三儒的这种形象并不是由朝廷建立起来的,而是在清末政治变革的过程中,趋新士人结合传入的西方政治思想,对三儒著作进行重新阐发而逐渐形成的。以上朝臣的议论表明,即使是"体制内"的人士,也在与政治对手分享着同样的思想资源和符号体系。因此,在朝臣中也会出现这样的议论:"(顾炎武)先生上下古今,具绝大学问、绝大经济,实开光绪以来变法之原,而尤合立宪之精意",例如顾炎武曾说:"圣人者用天下之私以成一人之公,而天下治",又说:"世之君子,必曰有公而无私,此后代之美言,非先王之至训",这就是所谓的"欲求公德,必先养成私德者";顾炎武又说:"'天下有道,则庶人不议',然则政教风俗,苟非尽善,即许庶人之议,故盘庚之诰曰:'无或敢伏小人之攸箴',而国有大疑,卜诸庶民之从逆",还说过"保国者,其君其臣肉食者谋之,保天下者,匹夫之贱与有责焉",这就是所谓的"人民得与参政权"。

这是胡玉缙《题顾先生祠卷子》中的话。顾炎武的"学问""经济"被用公与私、专制与宪政这些新的时代概念重新解释,于是顾氏本人也就成了合乎"立宪之精意"的"立宪派"。

同样,礼部侍郎郭曾炘将《明夷待访录》的思想与矫正专制的精神联系起来,指出两者其实若合符契:"黄宗羲所著《明夷待访录》'原君''原臣'二篇,大旨谓为君者不当视天下为产业,而以大利自私;为臣者不当跻身于仆妾,而以服役为务。其言近激而其理实至精。盖民为邦本,立君所以为民,臣亦佐君治民者……秦汉以降,惟务专制,君骄臣谄,民怨罔伸,是以治日少而乱日多。"矫正秦代以后专制之失本是预备立宪的题中应有之义,同时,汉族大僚如张之洞、袁世凯等热心于立宪,也确实有扩张臣下、地方权力以限制君权的内在动机。

必须要注意的是,即使是积极推动立宪的官僚派别,也不可能赞同革命,所以支持者在指出三人思想合于立宪精神的同时,也特别强调他们与西方学说的差异,如严修所奏:"近年有一种革命之衺说,乃略涉东西文者所剿袭,实未一见宗羲之书。"章梫《先儒王夫之黄宗羲顾炎武从祀孔庙议》亦称:

> 抑又有议者,谓近今种族之说发于夫之之《黄书》,其流为革命排满,民权之说发于宗羲之《明夷待访录》,其流为平等自由。不知《黄书》乃惩明弊,规画治世之大纲,并无所谓革命之语;《待访录》依据《孟子》《周礼》,亦惩末世骄君谄臣之失,而反之于正,更无所谓平权自由。凡革命排满、平权自由等语,皆中国浅人略涉东西国一二家之学说,如染狂毒,如饮鸩酒,不自知其身之生死,并未尝窥见船山、梨洲之书,苟略读船山、梨洲之书,忠爱之心油然兴发,岂复有革命平权等事乎?则谓此等不足重轻之浮议,启于船山、梨洲二大儒,可不辨而知其非矣。

"革命排满""平权自由"这些危险的政治思想,其来源都是"东西国",而黄、王二儒的思想则从《孟子》《周礼》这些本国经典中产生,仍不出圣人之道的范围。不仅如此,顾、黄、王三儒志节皎然,于明亡之后念念不忘故国,忠君之心至死不渝,这样的人怎么能引起革命之说呢?

在支持者的论述中,三儒的学说既有助于当代之新政,又无悖于礼教之本原,即胡玉缙所谓"博通时务,而实契合道心",对于期待既能完成政治变革、又不至引起社会动乱与文化沦丧的执政者来说,正是最合适的人选。所以,他们希望能够将三儒从祀孔庙,树之风声,以表明立宪之决心,同时也预防革命的流弊。郭曾炘说得很明白:

> 迩者纶音迭下,宪政纲要次第颁行,君上有统揽之治权,臣民亦有各尽之义务,务扫历代相沿之弊政,建万世一系之洪基,该故儒所谓三代可复者将验于今日……似不宜拘牵俗论,以议礼聚讼之故,而有出令反汗之疑,于宪政前途致多阻碍。

这段话再真切不过地表明,三儒能否得以从祀,与朝廷是否真心推行宪政大有关系。其时对于宪政、宪法,朝堂之上的反对之声既不绝于耳,江湖之中的抨击之词又甚嚣尘上。这时如果将学问、经济与宪政各端若合符契的顾、黄、王三儒从祀孔庙,送上神坛,一定可以"涣释群疑",表明朝廷立宪之决心,这也是三儒最终得以从祀孔庙的直接动因。

准许从祀的谕旨下达以后,却令人多少感到有些意外。因为这道谕旨不但简洁得无以复加,而且并未明发,只是以

"交片"下礼部,可谓草率已极。时任军机章京的许宝蘅在日记中说:"旧日此种从祀视为至重典礼,均系明降谕旨,今乃仅以交片下礼部,殊非故事。"

以往的此类上谕,都要先简述一下先儒的成就,列举从祀的理由,这次之所以全都避而不谈,很可能是因为争论太大,朝廷不便表态的缘故。但于三儒的学术品行完全不置一词,确实不合乎此类谕旨的体例,无怪乎受到胡思敬的讥刺:"以如此巨典,只以二语了之,天下读诏书者不知其所以从祀之故,颇疑三先生之配食,颇似近世人才保荐得官也。"

但三儒从祀与立宪有关,当时即有论者观察及此。《东方杂志》在报道此事之后评论说:"观王、黄之必待请旨,知部臣于《原君》等篇不无惴惴,枢府竟赞成之,立宪前途,影响在是。"执笔写下这段评论的,正是日后奠基中国明清史研究的孟森先生。

五、 从祀孔庙有用吗?

虽然三儒从祀与预备立宪关系如此密切,可是从祀一二先儒毕竟挽救不了政局。且不论此时孔庙在一般士人特别是趋新士人心目中的地位已非往日可比,当日政治的纷乱也早已使孔庙的日常管理陷入半瘫痪的状态,三儒木主是否入祀,史无明文。据赵启霖《重修湘潭学宫记》的叙述,其故乡湖南湘潭的孔庙是重修以后、在他本人的注目下才将三儒祔祀,其时已经是 1911 年 5 月。

甚至到了 1914 年,仍有"云南公民徐铮"等呈请将三儒从祀孔庙。他们显然并不知道清廷已经将三儒从祀孔庙,还说"前清末叶,曾有人请以三先生从祀孔庙,缘当时政尚颛制,扞格不行",如今已经实行共和,"三先生之学说日愈彪炳人间",所以请从祀孔庙,并在其乡建立专祠。

他们提出的理由是:"明季大儒顾炎武、黄宗羲、王夫之三先生者,或则著经世之伟业,或则发共和之先声,功在千秋,泽及百世,吾人崇德报功,尤当蔼然居首",称顾炎武"讲学以行己有耻标宗,治世以匹夫有责为本,又究心于经世之学",称王夫之"痛明社之屋,采西山之薇……所著诸书,半皆夷狄华夏之辨",特别于黄宗羲称扬备至:

> 所著《明夷待访录》等书,阐明民贵君轻之旨,预揭共和民约之义,微言宏识,远在西哲卢梭以前,吾人今日所享之共和幸福,实皆食先生之赐。

这篇《明末三大儒从祀孔庙之建议》载于《学生杂志》1914 年第 1 卷第 5 号。此时的顾、黄、王,又一变而成为了共和的护法。这次请祀也就成了三儒从祀风波最后的回音。

还有一个小问题尚需交待。三先生的排列顺序,在赵启霖的原奏中是王夫之、黄宗羲、顾炎武,上谕中变为顾炎武、王夫之、黄宗羲,在两庑的位次则是黄宗羲(东三十四位)、王夫之(东三十六位)位列东庑,顾炎武位列西庑(西三十六位)。

原奏之所以王夫之为首,很可能是因为赵启霖身为湖南人,并且服膺船山之学,而上谕以顾炎武居首、黄宗羲居末,则肯定是由于关于顾炎武的争论最少而关于黄宗羲的争论最多。至于木主的顺序,据乾隆十八年(1753)的定例,应以时代年齿为序,三人的生年以黄宗羲(1610年)最早、顾炎武(1613年)次之、王夫之(1619年)居末,两庑木主的安排正是以此为序。

其实在朝臣的议论中,也有人提到三人的排序问题。礼部侍郎张亨嘉拟奏建议"其位次当首顾炎武,黄宗羲次之,王夫之又次之",但是没有说明这样排序的理由。都察院都御史陆宝忠、副都御史伊克坦、副都御史陈名侃三人联名的说帖称:"查《国史儒林传》,谓国朝学有根柢,以炎武为最,故以炎武居首,则此次升祔次第,亦宜以炎武为首,列宗羲次之,夫之又次之,较为允当耳。"顾、黄、王是《国史儒林传》的排列顺序,后世习惯以这种方式排序,或许也是出自这一"钦定书籍"的安排。

尾　声

一、旧庙新神

与制度上将孔庙升为大祀形成鲜明对比的是，实际举行的孔庙祀典却显得非常冷落。举行于孔庙祀典升格次年春季的丁祭就有许多满汉官员缺席，清廷为此还发出申斥的上谕，说近来陪祀孔庙的官员们，不但不遵守礼仪规矩，到场人数也寥寥无几，"殊属不成事体"。

对祀典日益失去兴趣的背后，是对此类礼仪的功用不再抱有信心。既然连最高规格的祭祀典礼都"不成事体"，那么孔庙的日常维护就更谈不上了。孙树义《文庙续通考》的跋语说："中国祀典，文庙最重，两庑从祀诸儒，代有增加。顾春秋祭祀外，无人过问，旧时位次，或因参加而凌乱，或奉明令而尚未参加，盖有司笾豆循例陈设，其他皆缺焉不讲久矣。"一方面是朝廷对孔庙的推崇不遗余力，一方面却是孔庙管理的混乱和人们普遍的冷漠。

不仅朝臣已经厌倦此类虚文，社会舆论中也出现了不以为然的声音。针对孔庙升为大祀，清末曾有人作诛心之论说:"虏廷以革命风潮起于新学,遂尊孔子为上祀,冀以君臣之义钳制之……不悟'革命'二字,出于孔子《易传》,而尊周攘夷,《春秋》并著其义,周王可尊,未闻虏王之可尊也。使周王而暴戾无道,则革命者亦自为顺天应人,况山戎之当斩者乎?"这种伎俩不会起到作用,"稍有知识者,犹不见听,岂区区典秩牲牢之变易,而遂可以迷乱人心者?"清廷升格孔庙祀典只不过是"假托先圣威灵,以为胡虏藏身之固",皇帝对圣人行三跪九叩礼,反而对圣人是一种辱没。(无悝:《孔子非满洲之护符》,《民报》第11号,1907年1月25日)在"反满"人士的心目中,孔庙之所以失去信誉,是因为它和清政权的关系太过紧密,甚至被用作"满洲之护符"。

坛庙祭祀本来是礼乐制度的重要组成部分,现在却广泛地被视为"具文",说明朝堂之上的思想氛围日益趋向实用,更体现出礼乐制度作为一种政治理念正在被当权者所放弃,可是,通过制礼作乐来实现政治目标,正是中国思想传统最根本的特点之一。因此,朝廷对如孔庙等此类典礼的强化,有其可以理解的逻辑,那就是在实际政治变革不得不吸取西方制度的同时,力图在意识形态方面仍然保有中国本土的特色。自然,维持"孔教"的直接动机包含着对权力的贪恋,但是权力的背后是秩序,并不能因此而将延续中学的努力全部归因于统治集团的自利行为。

强化孔庙的权威与影响力可以有两种思路:一种是外在的制度性安排,亦即祀典的升格;另一种则是内在的涵盖面扩张,亦即纳入社会上的新兴偶像。已经入祀两庑的先儒虽然灿若群星,但是在提供医治现实病痛的药方上却都力有未及,无论是传经还是卫道,无论是汉学还是宋学,甚至包括传统意义上的"经世之学",似乎都对日新月异的社会变革无能为力。与此同时,士人中间却逐渐凸显出一些以前并不那么显赫,或者并不以现在这种面目出现的先儒或者著作。这些人与书经过重新阐释而开始具有这样或那样的"现代意义",既可传续古老的学统,又可解决现实的问题,显然是孔庙注入新鲜血液的首选。

顾炎武、王夫之、黄宗羲正是这样的"新神"。

二、各自表述的"国粹"

1902 年 12 月,邓实、黄节等在上海创办《政艺通报》,介绍西方的政治与科技;1905 年初,他们在上海成立了国学保存会,随即发行《国粹学报》,以"发明国学,保存国粹"为宗旨,既宣传"排满"革命,同时主张保存本民族固有之文化。这一派的主要人物除了邓实、黄节外,还有刘师培、黄侃、马叙伦等人,章太炎隐然为其领袖。学者将这一派称作国粹派或国粹学派。

即使是在国粹派的论述中,"国粹"的含义也比较含混而复杂,但是其核心意义则在于,能够适应于当代的形势与需要、有助于解决时代危机与民族危亡。在这种"古为今用"原则的指向下，顾、黄、王三人被从古代大儒群像中择选出来，成为"国粹"最耀眼的代表。

可是，三儒从祀孔庙却在国粹派那里引发了截然不同的反应。

光绪三十三年（1907）九月二十日，在从祀尚未定议之前，第34期《国粹学报》在卷首的"社说"一栏刊登了黄节的《明儒王船山黄梨洲顾亭林从祀孔庙论》。从这篇"社说"的题目就可以看出，其立论的根本乃是强调三人的明代遗民身份。黄节称，如果以道德、志节与学术而论，将三儒"位之两庑，诚无愧色"，但是三人自始至终以明臣自矢，"以出处而论，则三先生皆明之职官……以三先生心志而论，则皆不愿为贰姓之臣民"，因此，应当以明儒从祀，"否则非所以尊三先生也"。如果将他们"位置于国朝儒者之次，则其名为失实，以其自称为明臣，而祀之以国朝儒者，则其鬼亦不歆两庑"。两庑群贤，本来是人伦的师表，可是将三儒以"国朝儒者"从祀，虽然"隆以死后之典礼"，却"夺其生前之志节"，对于人伦世道无益反害。黄节认为，清廷之所以将他们认作"国朝之儒"，原因在于《国史儒林传》收录了三人的传记，而当日史臣的做法显然有所不当：即使"不能位置三先生于《明史》，犹当援《宋史·周三臣传》例，为三先生立《明三儒传》"。

接着，黄节笔锋一转，称"今之是非，有大异乎人者，不必为世道人伦计也，但借前人以为之傀儡，而徇其一时之智术而已"，三儒只不过是被清廷所利用的工具，与其所宣称的

"光国粹"并无多大关系,而且三儒之"志节无待议礼者之表扬,亦无关于从祀与否之轻重"。最后,黄节引用徐鼒《小腆纪传》称扬顾炎武的话:"宁人恪守母训,不事二姓,迹其弓箭桥山之拜,牛羊塞上之吟,盖欲以子房报韩之心,为端木存鲁之计……而使后起少年,推以多闻博学,其辱已甚",认为其时清廷从祀三儒,仅仅依据其"多闻博学",而弃三人之气节不讲,实在是对三儒的辱没。

相比于黄节而言,章太炎的说法就没有那么温文尔雅了。次年,他在《民报》上发表了《王夫之从祀与杨度参机要》,对清廷的举动表示了极大的蔑视。他首先调侃道:"满洲政府以顾炎武、王夫之、黄宗羲为汉土学者所宗,奉其主,纳之两庑,为收拾人心计,亦犹使衍圣公为山东学务总稽查也。公不省学,借巡视以狎娼优,徒为士民笑悼,三老之入两庑,驳议嚣然",又称"彼佞臣媚子之用心,则以为使民乡方,莫两庑祀典若也"。这种将清廷从祀三儒判定为"收拾人心"的诛心之论甚为直截简便,后世论及此事的学者也大多不出此论。

同是宣扬保存国粹,同样是把顾、黄、王三人当作国粹的代表性人物,朝野两方对于从祀的态度差别却如此之大,原因就在于双方对"国粹"的理解不同:在朝的张之洞等人所认同的国粹,偏重在思想学说方面,关注点在三儒的著述是否合于古道与时势;在野的黄节等人所认同的国粹,则偏重在政治立场方面,关注点在三儒的志节是否有助于政治革命。

自然,这种区分不是绝对的,朝廷同样也表彰过三人的气节,而国粹派也对三儒的学术成就赞赏有加,但是,一旦涉及政治上的分歧,两方的立场差异立刻就会凸显出来。

即使同样是评论三儒的学术,朝野两方也有极大的差异。这里仅以顾炎武为例,在从祀事件的各类上谕、奏折、说帖中,无一例外的,将经学成就(如《左传杜解补正》《九经正字》《音学五书》等)作为顾氏最重要的学术贡献。无论是称其"国朝之最",还是"汉学开山",其理论依据首在经学,而为时人所艳称的顾氏经世之学,也被看作"根柢六经",是通经致用的典范。

可是在国粹派的论述中,顾氏的首要贡献在于分别"国"与"天下"。在《国粹学报》创刊号上发表的《国粹学报叙》中,就标举了顾炎武的"亡国与亡天下之辨",将其作为"保存国学"的理论前提:"何以有国与天下之分? 盖以易朔者,一家之事,至于礼俗政教渐灭俱尽,而天下亡矣。夫礼俗政教,固皆自学出者也,必学亡而礼俗政教乃与俱亡……自三代以至今日,虽亡国者以十数计,而天下固未尝亡也,何也? 以其学存也。而今则不然矣,举世汹汹,风靡于外域之所传习……自疑其学为无用,而礼俗政教将一切舍之以从他人。循是以往,吾中国十年后,学其复有存者乎?"又将顾炎武之学称作超出"君学""国学"的"群学"(即天下之学,或曰社会学、风俗学),很明显地有将现实政权(清廷)与文明社会(天下)区分的倾向。而这种倾向显然与国粹派"反清排满"的政治立场密切相关。

在国粹派的眼中,顾、黄、王三人甚至成了本可以挽救中国免于灭亡的救世主:"明之季,国既亡矣……东南有亭林、梨洲、船山,皆思本所学以救国,著书立说,哭告天下,而天下人不应,漠然若毋动其中,而神州遂至陆沉。"如今他们再次宣扬三人的学说著作,其目的也在于挽救神州再次陆沉。但他们对于三人解释和塑造,与清廷的官方说法有着很大的距离。他们并不是反对将三儒从祀孔庙,而是反对将三儒以清廷所打扮的面目从祀孔庙。

由此可见,在朝主张保存旧学的人物与看似持同样主张的在野士人其实有着根本的区分,虽然他们使用的语汇一致(如国学、国粹等),论述模式也大致相同,但双方背后的政治关怀却大相径庭。

三、《三儒从祀录》

光绪三十四年(1908)礼部覆奏的执笔者曹元忠(1865—1923),字君直,苏州人,和他的堂弟曹元弼(1867—1953)都是晚清有名的礼学专家。曹元忠在清末新政时期当过礼学馆纂修,参与编订新礼,宣统年间还当过资政院议员。敦煌遗书出世,曹元忠也有收藏,可巧在敦煌历史上举足轻重的人物、五代十国时期归义军节度使也叫曹元忠,一时传为趣谈。曹元弼是《马关条约》签订那一年的进士,主讲过张之洞创办的两湖书院、湖北存古学堂。

顾、黄、王成功从祀，曹元忠终生引以为傲。他搜集了自郭嵩焘请祀王夫之以来所有的奏疏、拟奏、上谕、说帖，编为《三儒从祀录》四卷，其中说帖就占了两卷。《三儒从祀录》是关于顾、黄、王三儒从祀最为完整的资料汇编，而且在所有"从祀录"类史料中篇幅最长，使得此次从祀成为历来孔庙从祀事务中史料保存最丰富的一次。本书所涉三儒从祀部分的史料，奏疏、上谕也可在中国第一历史档案馆所藏档案中找到，但拟奏、说帖仅见于此书。

辛亥革命以后，曹元忠以遗老自居，不再从事社会活动，《三儒从祀录》也始终没有刊刻。曹氏殁后，遗书由曹元弼保存，元弼命其弟子王欣夫（1911—1966）整理谋刻。1941年，王欣夫刊印曹元忠的文集《笺经室遗集》，在集末附刊了一份启事，为刊印包括《三儒从祀录》在内的曹氏其余作品募集资金，但是没有成功，仅著录于《蛾术轩箧存善本书录》之中。《三儒从祀录》后归王欣夫保存。

王欣夫曾为上海圣约翰大学国文教授，1952年院系调整时转入复旦大学中文系，是近当代重要的文献学家。关于他藏书的下落，《蛾术轩箧存善本书录》的前言中有这样的交代："先生在'文革'开始不久便去世。所藏之书，在'文革'时期，被视为'无用'，不准存放在复旦大学的原住所，要'处理'掉。开始时，连以先生的名义捐赠给复旦大学图书馆都不被接纳。后由徐鹏师多方努力，才使得半数以上的书归入复旦大学图书馆。而三分之一以上的书则散佚了，这不能不说是一大损失。"

幸而，《三儒从祀录》在那归入复旦图书馆的"半数以上"之内，完好无损。这部书一共二百零八页，页十一行，行三十字，总约六万字。书前有曹元弼执笔的序，开头就说，将三儒从祀孔庙，是为了"教忠孝、厚人伦、发潜德、崇正学，为万世规"。接下来说他读《三儒从祀录》的感受：

> 元弼读而称曰：正朝夕者视北辰，正嫌疑者视圣人，大哉圣人之迪民垂教也。自天地剖判以来，圆颅方趾、直题横目之民，所以能相生相养相保而不相杀、灿然有文以相接、欢然有恩以相爱，绵绵延延以至于今者，曷恃乎？恃有伦纪而已。伦纪之大，莫若君臣父子，故孔子志在《春秋》，行在《孝经》。有君臣，而后天下人人得保其父子，故资于事父以事君，君臣之义无所逃于天地之间。苟君非桀纣，臣非汤武，则冠履定分，万万无倒置……

"君臣之义无所逃于天地之间"，这不正是黄宗羲的近代追随者们所极力反对的吗？"父子"讲的是血缘伦理，"君臣"讲的是政治秩序。关于二者的先后关系，古人也只说"有父子然后有君臣"（这是《周易·序卦》的明文，古人相信是孔子所撰），少有人会像曹元弼公然说"有君臣，而后天下人人得

211

保其父子"这样的话。曹元弼还说"冠履定分",出自《史记·儒林列传》中黄生反对汤武革命之说时说的"冠虽敝,必加于首;履虽新,必关于足",意思是君主就像帽子,再破也得戴在头上,臣民就像鞋子,再新也必须穿在脚上,不能互换。即便在君主制的拥护者里面,这也算是比较迂腐颟顸的言论了。

曹元弼接着写到,就算纣王那么糟糕的君主,伯夷、叔齐还是谨守君臣之分,孔子称赞他们"求仁得仁",可见君臣大义不可挑战。臣之事君,平日尽忠补过,要是遇到危急存亡之秋,一死而已,绝不能坏了君臣上下的等级,如此"上下辨而民志定,天下皆晓然于犯上作乱为极恶大罪,天地所不容"。一个国家,之所以还算有秩序,百姓过几天太平日子,全是因为有一个皇帝。皇帝的位置能坐稳,靠的则是儒者维持之功:

> 自汉以来,治化虽不能比于三代,而一朝之兴,三四百年之间,君有常尊,民有定奉,强不得凌弱,众不得暴寡,知不得诈愚,勇不得威怯,休养生息,灾害不生,祸乱不作,治可使无乱,乱可使复治,此则儒者维持君臣之功,而乾坤所以不息也。

曹元弼说,顾炎武、黄宗羲、王夫之三人,就是这样能维系天地纲常的大儒。经过漫长的争论,三儒终于得以从祀孔庙,实际上等于再次确定君臣名分不可转移,所谓"三儒之论定而万世之为君臣者定,使万世为人臣子者皆志三儒之志,学三儒之学,则乱臣贼子必无所容于天下"。那么像黄宗羲《明夷待访录》那样激烈地抨击君权,直谓"为天下之大害者,君而已矣",又该如何解释呢?曹元弼并未回避,他说:

> 或谓顾氏无可议,王、黄则有可议,其意甚善而理未尽。惟大学士臣张之洞硕学深识,仰契上旨……故孟子于君臣之分辨之至严,尝曰"孔子成《春秋》而乱臣贼子惧","无父无君是禽兽也",而他日又有土芥寇雠之喻、民贵君轻之说,盖所以深戒当时暴君而救其危亡也,是正爱君之深意也。且孟子以土芥寇雠告齐宣,而去齐之后,燕昭王聘之,则曰受齐王厚恩,辞不往,王、黄二儒之言若《原君》等篇,盖有为言之,不然何以泣血孤忠,拳拳故国,与顾氏同一坚贞不拔如此哉!三儒志在抗本朝,而圣人大公无我之心,表章备至,盖天下之理一也。彼明人固当尽节于明也,明人而贰于本朝,此国史所以立《贰臣传》,垂戒万世也。人非父母不生,非君不治,子各私其父,臣各为其主,天理人情之至也。

《孟子》是儒家抗议精神的源头。"土芥寇雠"之喻,"民为贵,社稷次之,君为轻"之说,是后世对君臣关系有过反思的方孝孺、黄宗羲等人的经典依据。朱元璋曾命人删节《孟子》,作《孟子节文》颁示天下,删掉的也是这些段落。曹元弼说,孟子之所以这么激烈,其实正是爱君之心使然。同样,顾、黄、王,特别是黄宗羲、王夫之,像《明夷待访录》《黄书》里面那些激烈的话,也是爱君之心使然,当然,他们爱的是明朝之君。总之,从孟子到黄宗羲,有些话看上去很叛逆,但都是"有为之言",是有具体语境的,不但不能抽象地视之为反对君权,反而更是维护君权的表现。政治的辩证法,曹元弼可谓娴熟。

曹元弼最后说,三儒对于那么糟糕的明朝尚且忠贞不贰,如果生在本朝,遇到如此圣明之世,一定竭尽忠诚。如今却有"无良之民,或借王、黄一时有为言之之说,诬其用心,反其行事,饰邪说,倡暴行,背君亲,为不义,以贻万万生灵无穷之祸,此则三儒之罪人、万万世之罪人而已矣。"曹氏兄弟的意思是说,现在这三大儒都从祀孔庙了,但希望大家正确理解朝廷做出这项决策的深意,不要做了无良之乱民。

这篇序是什么时候写的呢?曹元弼写明是"宣统三年辛亥春三月",距离革命还有半年时间。

四、"诏墨犹未干,呜呼旧社屋"

三儒从祀孔庙十二年后,前清礼部侍郎郭曾炘整理旧箧,发现了当年他为此事上奏的疏稿,有感于中,发而为诗:

梨洲倡民权,船山区种族,匹夫任兴亡,亭林志尤卓。

诸贤生不辰，采薇踵芳躅，危言或有激，大旨无蹉驳。

礼官议从祀，抗疏纷抵触，吾独不谓然，反复再补牍。

专制数千年，本沿秦政酷，世变穷则通，安能终抱蜀。

濂洛信正大，学子已倦读，欲起顽懦风，此或置邮速。

魏公始扶汉，正色秉钧轴，杜断破群疑，竖儒皆奢伏。

诏墨犹未干，呜呼旧社屋，谁与借箸谋，构此异棋局。

昆山重行己，廉耻尽朒缩，衡阳述西铭，胞与自屠戮。

证人有绪言，良知久已牿，邈矣三先生，遗书孰寓目。

豚蹄何足歆，神州且沉陆，煌煌宣尼宫，行见茂草鞠。

风怀矢不删，竹垞乃先觉，九原谁与归，泫然披故簏。

　　这首《检旧箧见前议三儒从祀孔庙疏稿感赋》刊于《东方杂志》第 17 卷第 16 号，1920 年 8 月 25 日出版。"魏公始扶汉"一句以曹操喻尚为清廷效力的袁世凯，"杜断破群疑"则以杜如晦喻坚持应将三儒从祀的张之洞，这首诗证实了从祀的动议得到袁世凯和张之洞的支持。其次，诗中对三儒的看法，与他当初的疏稿有同有异：同者如"危言或有激，大旨无蹉驳""专制数千年，本沿秦政酷，世变穷则通，安能终抱蜀"等等，基本上是奏疏中相关论述的另一种表达；异者如"梨洲倡民权，船山区种族，匹夫任兴亡，亭林志尤卓"，则显然是帝制时代结束以后的历史追忆。

　　但是更应引起我们注意的，不是这些关乎史实的考证，而是诗中流露出的惋惜与伤感之情。"诏墨犹未干，呜呼旧社屋",三儒从祀孔庙一个多月以后,光绪皇帝与慈禧太后相继去世;又过了一年,张之洞在清廷满人亲贵的排挤和压力下郁郁而终;两年以后,辛亥革命爆发,清廷的立宪之梦终于破灭,郭曾炘想通过从祀三儒以利"宪政前途"的愿望也随之风流云散。不仅如此,就连三儒的思想似乎也失去了知音:顾炎武讲求"行己有耻",可是世人多有鲜廉寡耻之辈;王夫之祖述《西铭》,可是民胞物与的情怀却被内战中的杀戮掩盖;黄宗羲传承证人之学,可是阳明一系所标举的良知却久已泯灭。从祀孔庙不惟没有给三儒带来荣耀,就连孔庙本身也已经鞠为茂草,这实在是难以逆料的"异棋局"。

郭曾炘的感慨也许只是遗老对逝去历史无可奈何的追怀,但是以从祀先儒来挽救危局的设想确是清廷的一厢情愿。即使如此,我们仍可以从这个案例中看到,在面临政治巨变的时候,意识形态的象征可以调适到何种程度,甚至被寄予了推动新型政治体制顺利展开的期望。进一步说,传统的思想资源自有其自我更新的能力与愿望,政治变革的失败也许更多地要从政治层面寻找根源,而非一味归咎于思想与文化的历史传统。

五、 孔庙从祀史上的"异数"

顾、黄、王三儒的从祀是孔庙历史上的异数:

他们在理学上多有建树,但都不是纯粹的理学家。尽管顾炎武(有时也包括黄宗羲)被清代考据学追溯为朴学的开创性人物,但是他们也不是单纯的考据学家,并且自宋代以后就再也没有考据学者被从祀孔庙;

他们的学术博大庞杂,特别是对许多"敏感"的政治问题都有自己鲜明的主张,其中一些思想(例如《明夷待访录》)已经逼近传统所能允许的边缘。更重要的是,这些主张被清末要求政治变革的人士(无论在朝还是在野)所吸取,他们也在两百多年以后成为士人的新偶像;

他们不是单纯的学问家,在天崩地解的易代之际都有自己的政治追求。作为胜朝遗民,他们对新政权始终保持不合作的态度(尽管具体行迹容有不同),并把对异族统治的愤激之情化为对社会问题的独特见解,所以他们既常常被"忌讳",也容易被"树立"。

孔庙是意识形态的最高神殿,在它所代表的"道统"与政治权力之间,有交结,有争夺,也有屈服。在顾、黄、王从祀孔庙前后所经历的三十年中,出现过对他们是否可称"传经卫道"的质疑、对他们政治立场的避忌、对他们背后所代表的地方势力的警惕、对士人舆论的压制等等,但是形势的变化逐渐超越了这些阻碍的因素,最终将这三位新型偶像的神位送入两庑。

说他们是"新型"偶像,并不是说三儒本身就属于新时代的象征,或者说代表了中国现代化的先声(尽管持这种观点的学者很多),那是另一个层面的问题。单就他们从祀孔庙的历程来看，在传统的框架之下——无论是传经还是卫道、无论是汉学还是宋学、无论是学问经济还是躬行实践——他们都不合乎从祀的标准，也因此被屡次驳回。但是，到了光绪末年的最后一次请祀，整个的政治和思想氛围已经达到了突破传统的临界点，这时三儒才获取了最高统治者的认可。

促成三儒从祀的因素大致有这两个方面：

第一，是出于保存本国思想文化以与西方思想的强势入侵相对抗的努力。戊戌以后，西方思想的传入处于加速度的状态。特别是在废除科举制以后，"新学"迅速占领各类新式学堂的教学内容，许多人开始担心中国固有文化的沦亡。这种忧虑遍及朝野上下。但是，以理学思想解释的经典系统由于无法提供针对现实问题的有效解决方案，已经逐渐丧失了在一般大众中的地位，此即是前引郭曾炘诗中所谓"濂洛信正大，学子已倦读"。在这种情况下，如果想要继续保持本国文化对士人的吸引力，必须树立起新的、与时势相切合的人物或著作，而顾、黄、王三人则被认为是根植于中国经典传统、其思想又合乎政治社会变革方向的人物，正是宜于提倡的最恰当人选。

第二，是出于表彰代表新型政治理念的先儒以推进政治改革进程的考虑。清廷宣布预备立宪，是近代中国政治史上最重要的事件之一。但是无论当权者，还是一般官僚及士人，对于清廷立宪的诚意和前途都有诸多疑虑。还有不少人或者出于学术立场、或者出于利益驱动，对立宪及其他各类新政措施持反对态度,改革遭遇了来自各个方向的阻力,处于舆论的漩涡之中。立宪的主持者认为,在这种情况下对代表新型政治理念的先儒进行表彰,有助于表达政府对于推行宪政的诚意,有助于消除各类异议人士对政治改革的疑虑。而顾、黄、王三人在晚清的形象恰恰建立在其政治主张的基础之上,这些主张又被解释为与某些传入的新思想"暗合",甚至被当作中国早有此类思想的明证,因此三儒的从祀也就被认为是政治变革的表征。

但是当时社会形势的复杂不容这样的简单逻辑发生效力。在推行立宪者的眼中,三儒固然是立宪派,可是在倾向革命者的眼中,三儒却是不折不扣的革命者;在统治阶层之中,孔庙仍是思想权威的象征,可是在趋新的士人中间,已经逐渐开始形成另外的、谱系也更加复杂的神殿。将三位"新神"强行塞入"旧庙",虽然当事者有其内在的逻辑,但他们所针对的"目标人群"的思维方式已经不在原来的轨道上了,所以最终的结果只能是事与愿违。郭曾炘诗中所谓"邈矣三先生,遗书孰寓目",并不能理解为三儒的著作真的失去了读者,而是人们已经不再以从祀时的眼光看待顾、黄、王。

因此,我们不能无限制地夸大三儒从祀的意义,更何况其中还掺杂着权力的运作和利益的权衡,因而有一定的偶然性。但是,这个事件确实体现了一些当政者试图从中国本土的历史中发掘思想资源以应对时代危机的尝试。这种尝试虽然没有起到多么重大的作用,但毕竟是严肃的。甚至可以说,这是清朝政权在思想文化方面所做出的最后一次认真的努力。

慈禧死去以后,朝局大变,宣统年间的教育、文化举措也大多沿袭光绪后期的部署。宣统三年(1910),清廷将元儒刘因、汉儒赵歧从祀孔庙。刘因是元代理学的代表人物,赵歧则因为《孟子》作注而受表彰。这两个人恰巧一位传经,一位卫道,孔庙从祀的大典又回到了过去的轨道。之后,辛亥军兴,民国肇造,不久又是新文化运动,时代已成另外一种样子了。

本书无法涉及在从祀事件的外围三儒形象的变化以及他们的思想被解释、被利用的历史,关于那个主题的论述是更加引人入胜的研究,其中不少主题已经得到了学界的深入讨论。比如说,顾炎武关于"寓封建于郡县之中"的思想如何转换成带有近代色彩的"地方自治"思潮,他那著名的"亡国与亡天下之辨"如何被与清末民初中国文化的危机联系起来,而"匹夫有责"的断言又如何促进了国民政治参与的热情,乃至在重塑民众与国家关系的历史进程中起到了某种作用;黄宗羲关于限制君权、否定君主的主张与近代民主思想的流传有何关联,本土的变革思想与传入的政治主张存在着怎样的接引、诠释或者紧张关系,他又如何被不同的派别所利用而卷入错综复杂的政治论争;王夫之特别强调的夷夏之辨在近代"新夷狄"出现的情况下发生了什么样的作用,在"反清排满"和"保国存种"之间又被作了何种不同的发挥,等等。以上这些,都是顾、黄、王三儒从祀孔庙争论发生的思想史和政治史背景,值得继续探讨。

顾炎武、黄宗羲、王夫之从祀孔庙,是一次虚假的成功。如果在他们第一次被请祀的时候就得以入祀两庑,或许可以影响到历史的进程。倒不是说榜样的力量如何之大,而是从祀先儒的地位会给他们的著作刷上一层安全的保护色,有助于三儒著作的流传与多元解释。但就像世界上的其他事情一样,"时机成熟"的同时也是机会消失的时刻。三儒从祀非但没能推动立宪进程,反而受到忽视甚至嘲笑。这可能是孔庙与政治变局最接近的时刻。

当新一代的偶像崛起的时候,主持旧庙宇的人以为他们不过是年轻的、但仍属于旧模式的旧神。这些神灵也就在旧的被纳入庙宇的框架和历程中磕磕绊绊。一旦大家突然发现,这些年轻的神灵其实是一代新神,是能够解决新问题、代表未来方向的救世主的时候,旧的庙宇也努力调适自己的旧规,勉勉强强把这些新神硬给塞了进去。可是,新神自有其新的崇拜者,他们对旧庙既无感情,也无兴趣,更对旧庙抢走了他们的新神而耿耿于怀。旧庙由于其趋新的努力、调适自己以适应新形势的作为,反而更进一步丧失了它的神性。

六、　孔庙的近代命运

在今日中国的城市中,孔庙(或称文庙)可能是最常见的古建筑。即便在拆建一新、古迹荡然的地方,往往也有一座孔庙历经沧桑而得以保存。保护比较好的,一般都会作为景点供人参观,偶尔还会举行一些文化活动。

传统社会中,完整的孔庙应该与本地官方学校并列,左庙右学,合称"庙学",构成一个完整的文教场所。至于孔庙本身,则应由大成殿、东西两庑、崇圣祠及其他附属建筑构成。只不过今天保留下来作为景点的孔庙,格局完整的并不多见。

北京孔庙大成门(约翰·汤姆森摄于 1871—1872 年)

庙学原本的功能包含三个部分:科举、教育、祭祀。如今科举早已成为历史,教育另有现代学校承担,祭祀则只有曲阜等地的少数孔庙举行,但大多数情况下也只是带有表演性质的文旅项目。或许,最能体现孔庙作为"庙宇"性质的只有前来求拜的高考生和他们的家长了。

孔庙角色的转变,是近代历史演进的一个小小缩影。

进入民国,帝制不再,孔庙祀典之存废立刻成为争论焦点,诸如政府祭孔、学校尊孔、祀孔仪节之改革、孔庙空间之利用、学田产权之归属等问题,众声喧哗、莫衷一是。经过短暂的混乱,北洋政府在 1914 年又重新恢复了国家层面的祭孔典礼。与此同时,尊孔、反孔两种思潮亦在思想界激烈缠斗,对孔庙的态度既有形而下的利益之争,也有形而上的象征意义,变得愈加复杂。在彼时的政治形势与思想背景之下,这项典礼也只能有一次算一次、一次异于一次了。

1928 年 2 月 18 日,在南京的国民政府刚刚改组完成、北伐尚在进行中,蔡元培主持下的大学院就发布通令,要求在全国废止祭孔祀典,理由是祀孔乃历代帝王牢笼士子以"尊王忠君"之手段,"实与现代思想自由原则及本党主义大相悖谬"。

这份禁令与其说是一项改革,不如说是对现状的确认与规范。将孔庙挪作他用的进程早已开始:清末开启的"庙产兴学"本来说的是将佛寺道观用于开办学校,到民国也波及孔庙;作为新事物的历史博物馆需要空间,许多人想到的也是孔庙;有些地方举办民众教育馆以开民智,孔子有教无类,祭祀他的庙宇自然责无旁贷。禁令加速了这一进程。

1934 年,国民政府内政部对全国孔庙情况进行了一次调查，收回的数据涵盖16省市中的6市、817县，主要人口稠密地区都在其内。汇总的结果是，这些地区共有孔庙874座，其中残毁17座，被学校、教育局、民众教育馆等教育机关占用532座，被地方公所及党部占用132座，被公安局、保安队等军警机关占用72座，其他状况者165座。看来，此时绝大部分孔庙都已经挪作他用，不再具有"庙宇"的性质或功能。不过，占用孔庙的大多数是教育机关，倒也符合孔庙原本的精神和定位。

此次调查，系为制订新的孔子纪念办法做准备。随后，政府公布以八月二十七日为"先师孔子诞辰纪念"，这些纪念活动多在孔庙举行。然而，"祭祀"与"纪念"大不相同，参与的官员、学校学生与过去的功名阶级是两码事，释奠、丁祭这些孔庙祀典与诞辰纪念也是两码事，跪拜、乐舞跟鞠躬、讲话当然更分属截然不同的文化。在这项纪念活动中，与孔子一同占据中心地位的还有国民党党歌、党旗、总理遗嘱，自然也是与时并进的改革。

伴随着功能转换的，是孔庙开放性的增加。科举社会中，孔庙基本上是被官府与士绅阶层垄断的礼仪空间，很难看到一般民众的身影，即便是功名阶级，也只在特定时间才能进入孔庙，以规定的角色参与特定的礼仪，极少有出于自身"信仰"而进入孔庙的情况，"尊而不亲"是孔庙与孔子的常态。现在孔庙成了博物馆、办了展览会，抑或变成学校、挂牌民众教育馆等等，开放度都大大增加了。

有些孔庙被改建成公园,变成一个完全开放的休闲场所,也有些被用来举行诸如"总理纪念周"、公共演讲乃至追悼会、展览会等仪式性、公共性活动。这些用途就把孔庙单纯地作为一个空间来使用,与儒家、孔子只有象征性的联系。

不过,公共化并非孔庙近代命运的唯一面相。1949年之后,大量孔庙被政府机关、军队或工厂占用,重新关上了大门。"文革"中古迹受到剧烈破坏,孔庙作为孔家店本部自然难逃厄运,然而有些被占用的殿宇却也逃过一劫,真是吉凶相倚,祸福难言。但如此保留下来的建筑,往往只有一个空壳,内部设施及空间早被毁坏或改变了。

拨乱反正以后,孔庙渐又重回公共视野。在文物保护、博物馆、文旅、非遗等多种潮流的推动下,如今的孔庙大都成为整洁、有序的展览空间,但同时也大都经过重修或重建,属于古今共建的新古董。随着儒家在社会文化中的形象日益正面,孔庙又成为民间儒学复兴运动的首选场所。

但即便如此,受到观者瞩目的一般也只是大成殿内几位圣贤,尤其是居中的孔子。在绝大多数孔庙中,东西两庑中供奉的历代先儒先贤神位则早已不知去向,两庑也被改造为展览空间,另作他用。这像极了一般印象中的儒家,那是一个始于孔子、两千多年变化不大的固定的思想体系,而非由历代儒者支撑起的、流动多歧的思想集丛。

引文出处

一、《三儒从祀录》（复旦大学图书馆藏，曹元忠辑，王大隆校）

　　江西学政陈宝琛奏

　　大学士李鸿章等奏

　　署兵部尚书潘祖荫等奏

　　大学士额勒和布等奏

　　户部尚书翁同龢等奏

　　内阁学士兼礼部侍郎衔尚贤等奏

　　太常寺少卿徐致祥奏

　　署礼部侍郎郭嵩焘奏

　　钦差大臣兵部侍郎郭嵩焘奏

　　湖北学政孔祥霖奏

　　大学士李鸿章等奏

　　御史赵启霖原奏

二、 军机处录副奏折（中国第一历史档案馆藏）

　　郭嵩焘：《奏为先儒阐明性理诠释经旨有功来学应请饬部会同核议从祀文庙折》，档号 03-7208-026。

　　郭嵩焘：《奏为礼部议驳明儒王夫之从祀文庙应恳天恩饬部存案以俟论定折》，档号 03-5529-017。

　　李鸿章等：《奏为遵照奏定章程会议具奏事》，档号 03-7174-010。

　　潘祖荫等：《遵旨会议先儒黄宗羲、顾炎武从祀孔庙折》，档号 03-5543-020。

翁同龢等：《遵旨会议先儒黄宗羲等从祀文庙由》，档号 03-5543-021。

三、 其他文献

庞锺璐：《文庙祀典考》，光绪四年常熟庞氏刻本。

陆心源：《拟顾炎武从祀议》，《仪顾堂集》卷 3，《续修四库全书》第 1560 册，第 375—376 页。

郭曾炘：《请特准将故儒王夫之、黄宗羲、顾炎武并从祀文庙折》，《郭文安公奏疏》不分卷，侯官郭氏家集汇刊本。

陈宝琛：《请祀先儒黄宗羲、顾炎武折》，《沧趣楼奏议》卷下，文海出版社 1969 年版，第 27 页。

胡思敬：《国闻备乘》卷 3，“三先生崇祀”条，1924 年南昌退庐刊本，第 14 页。

胡思敬：《衡阳昆山余姚三先生从祀孔庙议》，《退庐文集》卷 1，《退庐全集》本，文海出版社 1969 年版，第 167—182 页。

涵秋（雷瑨）：《顾亭林黄梨洲王船山三先生从祀记》，《文艺杂志》（上海）1915 年第 8 期。

陈衍：《礼部左侍郎张公行状》，《石遗室文集》卷 2，《陈石遗集》上册，福建人民出版社 2001 年版，第 445 页。

赵启霖：《请将三大儒从祀孔庙折》，《赵瀞园集》，第 4—5 页。

赵启霖：《会议三儒从祀说帖（代都察院作）》，《赵瀞园集》，第 6 页。

胡玉缙：《拟准御史赵启霖奏请王夫之、黄宗羲、顾炎武从祀孔庙议》，《许庼遗集》，复旦大学图书馆藏稿本，第 1 册，第 114—116 页。

章梫：《先儒王夫之黄宗羲顾炎武从祀孔庙议》，《一山文存》卷 8，文海出版社 1969 年版，第 370 页。

黄节：《明儒王船山黄梨洲顾亭林从祀孔庙论》，《国粹学报》第 3 年第 9 期（1907 年 9 月）。

章太炎：《王夫之从祀与杨度参机要》，汤志钧编：《章太炎政论选集》（上），中华书局 1977 年版，第 426 页，原载《民报》第 22 号"时评"（1908 年 7 月 20 日）。

《明末三大儒从祀孔庙之建议》，《学生杂志》1914 年第 1 卷第 5 号。

郭曾炘：《检旧箧见前议三儒从祀孔庙疏稿感赋》，《东方杂志》第 17 卷第 16 号（1920 年 8 月 25 日）。

四、 研究文献

何冠彪：《黄宗羲、顾炎武、王夫之入祀文庙始末》，载氏著《明清人物与著述》，香港教育图书公司 1996 年版，第 49—94 页。

朱鸿林：《孔庙从祀与乡约》，生活·读书·新知三联书店 2015 年版。

许齐雄:《北辙:薛瑄与河东学派》,浙江大学出版社
2016 年版。

陈勇勤:《光绪间关于王夫之从祀的争论》,《船山学刊》
1997 年第 1 期。

户华为:《船山崇祀与近代湖湘地方文化建构》,《湖南大
学学报》2003 年第 6 期。

户华为:《晚清社会思想变迁与圣庑的最后演出——顾、
黄、王三大儒从祀风波探析》,《社会科学研究》2005 年第
2 期。

秦燕春:《晚明三大家从祀两庑始末考》,《中国文化》第
24 期(2007 年 5 月)。

后 记

这本书的主体内容源自我的硕士论文,原题《旧庙新神:顾炎武、黄宗羲、王夫之从祀孔庙研究》,完成于2009年。

感谢葛兆光老师将我收入门墙。我本科不是历史专业,指导初学者写出一篇能毕业的学位论文并不轻松。这篇论文的部分内容后来得以发表在《近代史研究》和《史学月刊》上,对我同样是非常珍贵的鼓励。

十几年后重读这些文字,我不再像当时那样努力想要看出史料背后的"微言大义"和"历史意涵",相反,而是更关注文书往来中的字斟句酌、行政流程中的规矩惯例、庙堂争论中的意气与固执。当然,三儒从祀过程中不乏严肃的论争,背后有着或学术或政治的理由,不过也充满琐碎重复、不讲道理、权力运作、"低水平政治正确"(这个词是这次修订时才加进去的),或者随大流、揣摩上意或众意、无可无不可,其中一些甚至左右了历史事件的走向。

感谢张钰翰兄的邀约,让这篇习作有机会出版。感谢责编高笑红老师,我可能是她遇到的拖稿最严重的作者之一。拖延的主要原因,是觉得原稿行文幼稚,修改的话等于重写,不改又过于粗糙芜乱。拖延的结果，就是有扩充而少修改，新写的主要是书中"旧庙"的部分，代表今日之我的看法，"新神"则多仍其旧，从正面而言，也算保留了一些成长的痕迹。

段志强

2025 年 2 月 12 日于崇明岛

图书在版编目(CIP)数据

旧庙新神 ：晚清变局中的孔庙从祀 / 段志强著. --
上海 ：上海人民出版社，2025. -- (论衡). -- ISBN
978-7-208-19555-4

Ⅰ. K892.98

中国国家版本馆 CIP 数据核字第 202586530J 号

责任编辑 高笑红
封面设计 赤 徉

论衡

旧庙新神

——晚清变局中的孔庙从祀

段志强 著

出　　版　**上海人民出版社**
　　　　　（201101　上海市闵行区号景路 159 弄 C 座）
发　　行　上海人民出版社发行中心
印　　刷　江阴市机关印刷服务有限公司
开　　本　787×1092　1/32
印　　张　7.5
插　　页　9
字　　数　134,000
版　　次　2025 年 7 月第 1 版
印　　次　2025 年 7 月第 1 次印刷
ISBN 978 - 7 - 208 - 19555 - 4/K · 3498
定　　价　58.00 元